东南亚华人基督宗教社团与中国-东盟人文交流

历史演进、系统建构与网络互动

张鹏 著

当代世界出版社
THE CONTEMPORARY WORLD PRESS

本书出版得到中央财经大学"红色擎，龙马行"教师"思政+"专项支持基金项目"中国参与全球发展治理变革及其国际传播创新探究"（项目编号：SZJ2207）、中央财经大学政府管理学院2021年度科研创新团队支持计划项目"全球经济治理转型背景下中国参与发展治理平台构建和机制变革研究"（项目编号：ZG202103）的专项支持。

目 录

第一章 导 论 / 1
第一节 研究背景 / 1
第二节 相关文献综述 / 4
第三节 核心概念界定 / 12
第四节 关键理论价值与核心现实意义 / 19
第五节 核心内容、研究方法与技术路线 / 27

第二章 近代以来东南亚华人基督宗教的传播进程与社团初创 / 30
第一节 16—19世纪：基督宗教东传与大陆华传推进下的初步扩展 / 31
第二节 20世纪：基督宗教复兴与反华排华背景下的稳步扩散 / 40
第三节 21世纪：现代化与全球化进程中的持续传播 / 48

第三章 东南亚华人基督宗教社团的多元演化与发展现状 / 55
第一节 东南亚华人基督宗教社团的主要类型 / 56
第二节 东南亚华人基督宗教社团的复合属性 / 59
第三节 东南亚华人基督宗教社团发展概况与案例分析 / 68

第四章 东南亚华人基督宗教社团的组织架构与运作体系 / 77
第一节 东南亚华人基督宗教社团的层级分区与首领职位 / 78
第二节 东南亚华人基督宗教社团的业务部门及职能分工 / 80
第三节 东南亚华人基督宗教社团的常设教会组织 / 84
第四节 东南亚华人基督宗教社团的附设教育机构 / 88

第五节 东南亚华人基督宗教社团的附设服务机构 / 95

第五章 东南亚华人基督宗教社团的信仰文化与叠合认同 / 102
第一节 东南亚华人基督宗教信仰的包容性与实用性 / 104
第二节 对于中华传统文化的传承与创新 / 106
第三节 对于基督宗教文化的吸纳与调试 / 111
第四节 对于东南亚当地文化的汲取与转化 / 113
第五节 华人基督宗教社团领袖和精英思想简析 / 115

第六章 东南亚华人基督宗教社团的国内嵌入与传统功能 / 130
第一节 布道宣教、福音传播 / 131
第二节 社区建构、认同强化 / 134
第三节 福利施予、族群互助 / 138
第四节 文教兴办、文化存续 / 141

第七章 东南亚华人基督宗教社团参与中国-东盟人文交流的模式路径与互动实践 / 145
第一节 官方-民间跨境互动模式 / 146
第二节 民间跨境互动模式 / 153
第三节 民间-官方跨境互动模式 / 164

第八章 结 论 / 171
第一节 东南亚华人基督宗教社团参与中国-东盟人文交流的角色特性 / 172
第二节 东南亚华人基督宗教社团参与中国-东盟人文交流的瓶颈制约 / 175

参考文献 / 179

第一章 导 论

第一节 研究背景

经济全球化导致了主权国家权力的层级化和利益的分散化，而社会信息化则扩展了传统外交的议程广度和跨国主体的互动频度，全球信息时代的到来极大改变了国家间软实力竞争的方式，使得一国在信息传递、理念表达、耐心倾听、吸引关注等方面的公共资源和沟通能力愈加关键。作为一种重要的对外交往方式，人文交流正与民间外交、公共外交相互促进，共同构成当今国家总体外交体系的有益补充。人文交流同样是新时代中国完善总体外交布局的客观要求，更是构建中国特色大国外交体系的重要开拓方向。党的十八大报告明确指出："扎实推进公共外交和人文交流"，加强"民间团体的对外交流，夯实国家关系发展社会基础"。2017年12月，中共中央办公厅、国务院办公厅专门印发《关于加强和改进中外人文交流工作的若干意见》，其中指出："中外人文交流是党和国家对外工作的重要组成部分，是夯实中外关系社会民意基础、提高我国对外开放水平的重要途径。""加强人文交流相关知识和理念的教育、传播、实践，引导海外华侨华人、留学人员、志愿者以及在海外投资的中资企业积极参与人文交流，将人文交流寓于中外民众日常交往中。鼓励专业化、国际化的社会组织和民间力量参与人文交流具体项目运作。"① 党的二十大报告明确指出："增强中华文明传播力影响力""讲好中国故事、传播好中国声音，展现可信、可爱、可敬的中国形象""加强国际传播能力建设"②。这是党代会报告首次将中华文明传播力影响力与国际传播能力并置阐述，进一步凸显了百年变局背景下持续推进中外人文交流的战略价值和时代意蕴。

2013年，中国国家主席习近平在访问哈萨克斯坦和印度尼西亚期间，先后提出共建"丝绸之路经济带"和"21世纪海上丝绸之路"的重大倡议。2014年3月28日，习近平主席在第十四届博鳌亚洲论坛的致辞中明确强调："迈向命运共同体，必须坚持不同文明兼容并蓄、交流互鉴。"③ 在2015年3月颁布的《推动共建丝绸之路经济带和21世纪海上丝绸之路的愿景与行动》文件当中，中国同样对新形势下的民心相通工作着墨颇多。然而，"一带一路"沿线区域分属不同的文化圈层，宗教、民族、国家类型各异，经济水平、政治制度、意识形态、社会风俗相去甚远，其中东南亚便是一个文明异质性与包容性并存的地区，信教人口占比大且宗教形态错综复杂。有鉴于此，习近平主席在印尼国会演讲时强调中国人民要与印尼人民"开创中国-东盟命运共同体的美好未来"，具体来看，"要促进青年、智库、议会、非政府组织、社会团体等的友好交流，为中国-东盟关系发展提供更多智力支撑，增进人民了解和友谊""夯实双方关系的社会土壤"。④ 人类命运共同体理念凸显了中国外交

---

① 《中共中央办公厅 国务院办公厅印发〈关于加强和改进中外人文交流工作的若干意见〉》，http://www.gov.cn/zhengce/2017-12/21/content_5249241.htm。
② 《习近平:高举中国特色社会主义伟大旗帜 为全面建设社会主义现代化国家而团结奋斗——在中国共产党第二十次全国代表大会上的报告》，https://baijiahao.baidu.com/s?id=1747667408886218643。
③ 《迈向命运共同体 开创亚洲新未来——在博鳌亚洲论坛2015年年会上的主旨演讲》，http://www.xinhuanet.com/politics/2015-03/29/c_1276 32707.htm。
④ 《携手建设中国-东盟命运共同体——在印度尼西亚国会的演讲》，http://www.gov.cn/ldhd/2013-10/03/content_2500118.htm。

的"多层次"和"立体化"特征,① 更需要凝聚不同地域、不同民族、不同文化、不同信仰的民众共识。就此而言,为数众多且贡献颇丰的海外华侨华人和宗教信众理应成为这一进程的重要见证者、参与者和推动者。

从宗教学角度研究东南亚华人,采用历史与现实、宏观与微观、国别与区域、定性与定量相结合的路径,有助于拓宽东南亚华人研究的领域。毕竟,与经济、政治、社会、文化等传统领域相比,宗教揭示了东南亚华人思想和灵魂深处的渴望,我们理应对其在海外华侨华人社会当中传播的原因、影响、作用和前景等问题作出客观评价。海外华人研究知名学者王赓武教授很早便开始关注来自中国的"新移民"及其宗教信仰问题,例如:"他们对在当地信奉各种宗教——主要是信奉基督教和佛教的华侨华人家庭的生活方式作何感想?特别是当他们已经在移民接收国生活了这么多年以后?考察这一点会是一件有意思的事。"② "自20世纪末到21世纪初,随着中国在全球舞台上跃升为愈益重要的政治经济力量,以及中国海外移民现象日益呈现出多样性和多向性特征,我们有必要将华人宗教的故事放置在当代中国全球化的进程中并围绕'中国的崛起'这一国际话语进行考察,尤其是通过移民基督教这一重要透镜探讨涉及中国人在海外的移民经济、国族认同、公民身份、文化同化以及宗教传播等广受关注的议题。"③ 有鉴于此,本书尝试将世界宗教、华侨华人、人文交流、公共外交等研究议程进行交叉融合,期盼透过对东南亚华人基督宗教社团的具体考察,为深入探究海外华人社会、海外侨民宗教信仰、中国-东盟全面战略伙伴关系等问题提供一个有价值的个案。

---

① Denghua Zhang, "The Concept of 'Community of Common Destiny' in China's Diplomacy: Meaning, Motives and Implications", *Asia & the Pacific Policy Studies*, Vol. 5, No. 2, 2018, p. 202.
② 王赓武:《新移民:何以新?为何新?》,载《华侨华人历史研究》,2001年第4期,第7页。
③ 曹南来、林黎君:《经济全球化背景下的华人移民基督教:欧洲的案例》,载《世界宗教研究》,2016年第4期,第145页。

第二节　相关文献综述

近年来，历史学、社会学、政治学、经济学、宗教学、民族学、文化学、人类学、地理学、考古学等研究领域学者纷纷从各自学科领域和理论视角出发，努力对海外华侨华人问题进行综合研究与交叉研究，以期超越单一学科局限与解释边界，通过对话合作与优势互补展示海外华社的完整面貌。作为一个相对复杂的研究论题，"东南亚华人基督宗教社团及其人文交流效用"本身便涉及东南亚华人社团、东南亚基督宗教[①]、东南亚华人宗教、中国－东盟公共外交等众多关键领域，总览国内外学界与本研究密切相关的研究成果，当前亦呈现出多元学科交叉融合、国际国内齐头并进的特点。

一、东南亚华人和华人社团等相关研究

国内学术界普遍认为，我们应突破单纯从中国历史、文化和利益出发看待华侨华人问题的思维定式和认知方式，尝试从区域文化、世界历史乃至全球发展的角度来关注相关议题。例如：在柯银斌和包茂红主编的《中国与东南亚国家公共外交》一书当中，察哈尔学会和北京大学东南亚学研究中心的相关学者便指出，民间组织是公共外交重要的行为主体，中国应依托民间智库、文化团体、环保组织、宗教组织等公共外交参与者，在各自领域对话东南亚的政党、非政府组织、普通公众，吸收更多智力资源，传导多元丰富的中国形象。[②] 然而，相较于东南亚华人社团、族群关系、认同转变、侨乡网络等议题的受关注程度，以及华侨华人在中国－东盟经贸投资、河流治理、旅游开发、

---

① 若无特别说明，本书中涉及的"基督宗教"（Christianity）均指囊括了罗马公教（Catholic，亦称"天主教"）、正教（Orthodox，亦称"东正教"）、新教（Protestant，亦称"基督教"）三大教派及其他一些分支教派的广义信仰统称。

② 柯银斌、包茂红主编：《中国与东南亚国家公共外交》，北京：新华出版社，2012年版。

发展减贫等功能性合作中的关键角色,①"第二轨道"框架下的东南亚华人神缘社团及其海外活动并未引起国内学术界的足够重视。相比之下,虽然杨宏云(2017)、黄耀文(2014)、张斌(2014)、李红(2012)、高伟浓(2010)、张永广(2010)等学者在研究中国-东盟社会文化关系互动时涉及双方宗教界的交流合作、华人社团的结构与功能演变、华商崛起的宗教文化因素等,但对于东南亚华人宗教社团的专门研究却比较有限,尤其是未能深入探讨跨国化和跨地区化背景下②其参与中国-东盟人文交流的机制、路径和模式等一系列重要问题。

20世纪末21世纪初,循环流动(Circular Migration)学说开始被广泛地用于解读国际移民现象,与此同时,当代海外华人社团以跨国活动和网络为主要内容和特征的全球化活动,越来越受到国外学术界的广泛关注,从区域乃至全球移民的视角研究海外华人和华裔的前瞻性与战略性成果不断涌现。其中,刘宏(2000)的相关研究便集中探讨了海外华人社团全球化兴起的表现与特征、动力、作用、挑战与启示等问题,并认为全球资本主义的兴起、亚太区域华人经济的成长、海外华人与侨乡经贸联系的密切及此三种因素的互相交织,构成了华人社团走向全球化道路的战略性背景,③但在问题意识和研究思路方面对于非传统华人社团及非经贸因素的关注仍然相对有限。另外一些微观研究和专题研究便涉及东南亚华人新移民的宗教信仰与文化认同议题,在探讨东南亚华侨华人移民和"再移民"问题时,王赓武教授

---

① 代表作可参见王子昌:《网络视野下的华侨华人:刘宏及其海外华人研究》,载《暨南学报》(哲学社会科学版),2013年第8期,第13—17页;韩震:《全球化时代的华侨华人文化认同的特点》,载《扬州大学学报》(人文社会科学版),2009年第1期,第25—32页;吴前进:《论新时期"海内外同胞关系和谐"——21世纪以来新华侨华人与中国的关系互动》,载《毛泽东邓小平理论研究》,2008年第12期,第65—70页,第75页,第82页;陈秀容:《海外华人新移民的全球化与中国西部大开发》,载《思想战线》,2004年第5期,第55—58页;郑一省:《多重网络的渗透与扩张:海外华侨华人与闽粤侨乡互动关系研究》,北京:世界知识出版社,2006年版。

② Hong Liu, "Old Linkages, New Networks: The Globalization of Overseas Chinese Voluntary Associations and Its Implications", *The China Quarterly*, No. 155, 1998, p. 583.

③ 刘宏:《中国-东南亚学:理论建构、互动模式、个案研究》,北京:中国社会科学出版社,2000年版,第249页。

(2001)曾对该群体与其先辈进行比较研究,并认为海外华侨华人既保持着本族群认同,又积极融入当地其他族群认同。针对施坚雅(G. William Skinner)(2010)关于泰国华人及其后裔将会被完全同化的预言,克里斯蒂娜·布兰克-桑顿(Cristina Blanc-Szanton)和詹姆斯·麦凯(James Austin Copland Mackie)(2006)分别对泰国和印尼的华人社区进行了田野调查发现,泰国小城镇当中的华裔在很大程度上仍保留着中华文化,印尼华裔尽管长期接受当地教育,但在文化、心理和宗教方面亦未被当地族群完全接纳。此外,Luke Hunt(2013)、Elena Barabantseva(2011)、廖建裕(2008)等国外学者较为审慎地坚持"本土化"的研究视角,主张应当对这一异质群体进行更为系统的调查与深入的研究,以所在国的政治、经济、历史、社会、文化等为背景考察华侨华人与中国的关系互动,持续推进这一族群与当地其他族群的融合发展。然而,在西方"中国威胁论""中国责任论""中国傲慢论"等鼓噪之下,一部分研究甚至将儒家思想、东南亚华人及现有人文交流合作视为中国掌控周边国家局势、"思想文化入侵""输出共产主义"的政策工具,Elena Barabantseva(2012)便认为"海外华人的多重效忠、离散认同、人员流动将可能引发中国民族关系紧张并有损领土完整"①。此类研究普遍忽视了东南亚华侨华人在不同时空背景下的价值多样性。

二、东南亚宗教和基督宗教等相关研究

依托中国丰富的官方档案和方志史料,国内学者立足于移民历史和移民活动,尝试从历史、经济、政治、文化、宗教、社团等多重方面探讨东南亚地区的基督宗教问题。"随着东南亚华侨华人跨国移民实践的开展、跨国移民网络的形成,关于宗教信仰的研究也呈现出更多的'全球'视野。近年来,随着中国改革开放的全面深化尤其是'一

---

① Elena Barabantseva, "Who Are 'Overseas Chinese Ethnic Minority'? China's Search for Transnational Ethnic Unity", *Modern China*, Vol. 38, No. 1, 2012, p. 100.

带一路'倡议的提出,如何从宗教信仰方面整合、利用东南亚华侨华人的优势资源,已成为学界关注的热点。"① 徐以骅(2014)、郑筱筠(2014)、卓新平(2013)、金泽(2012)、徐文臻(2012)、刘鹏(2012)、李金章(2011)等学者从宏观层面分析了宗教交流对于中国周边外交、国际形象优化乃至和平发展的理论价值与战略意义。在梳理近现代东南亚宗教发展的历史脉络、现实格局、角色特质、文化认同的过程中,石沧金(2015)、刘金光(2014)、周聿峨(2012)、张禹东(2011)、李天锡(2004)、张龙林(2004)等纷纷将佛教、道教、伊斯兰教、民间信仰等华人主流宗教作为研究对象,并进行了较为详实的考证与较为深入的分析,相继产生了一系列综述性和阶段性的研究成果,这为其他学者提供了一定的研究支撑和学术参考。然而,和这些传统宗教的突出作用相比,基督宗教"信仰遗产"在当前中国与东盟关系良性互动当中的潜力仍有待挖掘,毕竟,"在基督宗教研究领域,它是贯穿西方宣教史和中国教会史的关键环节;在东南亚华人宗教研究领域,它又可弥补传统研究模式以民族国家为主要框架、以华人传统宗教为主要内容的不足,将华人的'跨国性'与基督宗教的'跨文化性'融汇其中。"②

基于详实的文献搜集和扎实的田野考察,国外学术界对于以上议题的研究在理论和实践层面均已初具规模,多数成果可谓兼具知识性和学术性。野泽知弘(2012)、Ishtiaq Ahmed(2011)、Linell E. Cady 和 Sheldon W. Simon(2007)、Alistair D. B. Cook(2007)等国外学者尝试分析了传统宗教在东南亚社会发展、民族融合、文化适应当中举足轻重的地位,Richard Foltz(2010)的研究还涉及"丝绸之路"沿线国家宗教文化的交流互动。宗教人类学和宗教社会学成为这些成果所普遍采用的研究视角,研究层次的选择多偏向于国内视野,但总体上

---

① 杜淳、曾少聪:《东南亚华侨华人宗教信仰研究40年——基于改革开放以来中国学者的分析》,载《华侨华人历史研究》,2018年第4期,第51页。
② 张钟鑫:《近代新加坡华人基督教研究(1819—1949)》,福州:福建人民出版社,2015年版,第1页。

以针对东南亚基督宗教的历史、演变、性质、功能的个案研究为主，且多数研究建立在单向维度和纵向认识的基础之上，如同 Robbie B. H. Goh（2005）、Juliette Koning 和 Heidi Dahles（2009）、David W. Scott（2014）① 等专门结合国别状况对东南亚基督宗教进行研究的成果则相对较少，以国家和社会关系互动为切入点，分析华人宗教社团在区域之间扮演的角色、施加的影响、发挥的作用等方面的研究便更少。正如夏威夷大学亚洲研究系教授、美国亚洲协会（AAS）前主席芭芭拉·沃森·安达娅（Barbara Watson Andaya）所言，对于东南亚华人基督教史的研究能够给我们带来很多启示，我们有必要将影响宗教与社会变革的各种因素进行综合考量，尤其是将东南亚华人基督徒的信仰转变置于全球化和比较视野中进行探讨。② 事实上，仅从移民系统理论、历史-结构主义理论、新古典经济平衡理论、双重劳动市场理论等传统视角出发解释海外华人宗教信仰现象是有所欠缺的，应以此研究议题为切入点，结合人口社会学和民族政治学等理论视角，深入探究华人新移民的社会转型与文化融合等相关问题。

三、东南亚华人宗教信仰等相关研究

在海外华人宗教的传统研究当中，国内学者侧重从宗教文化学、宗教人类学、宗教社会学等角度切入，对历史发展进程、群体信仰选择、身份建构情况等进行一般性的宏观性描述。改革开放以来，伴随着国内外政策调整和发展需要，特别是研究队伍的知识结构转变，国内对于东南亚华侨华人宗教信仰的研究已展现出学理性与政策性并重

---

① 代表作可参见 Juliette Koning and Heidi Dahles,"Spiritual Power: Ethnic Chinese Managers and the Rise of Charismatic Christianity in Southeast Asia", *The Copenhagen Journal of Asian Studies*, Vol. 27, No. 1, 2009, pp. 5–37; David W. Scott, "The Geographic Imagination and the Expansion of Methodist Missions in Southeast Asia", *International Bulletin of Missionary Research*, Vol. 38, No. 3, 2014, pp. 130–134.

② 《互动与皈依：东南亚华人信仰体系构建中的三个历史时刻》，https://new.qq.com/omn/20200118/20200118A0ALGI00.html。

的趋势，其重点也逐渐由静态的历史叙事转向动态的现实关切，这一议题现已成为我国在东南亚开展涉侨和涉教工作的重要社会基础和有效实施途径。近年来，国务院侨办和国家宗教事务局愈发重视政策界与学术界的协同创新，多次公开招标年度研究项目，并邀请社会各界共同参与，这无疑为中国的宗教和侨务对外交流和专项研究注入了新的活力。就海外华侨华人精神生活的个案研究而言，王进（2014）、许嘉璐（2011）等聚焦了道教在中国公共外交中的独特作用，马燕坤（2015）、李向平（2012）、黄云静（2011）、陈冠桥（2010）等关注了佛教在公共外交领域的现有实践，但和传统宗教在中国与东南亚各国的睦邻友好关系中的突出作用相比，① 基督宗教在中国-东盟伙伴关系和总体外交战略中的地缘潜力均有待于深入挖掘。"一般学者所注意的，基本上是中国移民的特殊性研究，即在共同之中找特殊，甚少注意到移民现象的某些共同性东西，甚至把许多共同性的问题都当成特殊性的问题。这未免让人感到有点遗憾。"② 与此同时，基于进程追踪和案例分析，张钟鑫（2015）、张晶盈（2015）、朱峰（2011，2005）、陈才俊（2005）、曹云华（2002）等为数不多的学者聚焦了近现代基督教在东南亚华人社会的形成背景和主要特点，并在基督教与华人移民关系的研究当中，赋予了基督教"海外华人宗教"的全新学术身份，但这些成果大多是对华人基督宗教发展特定时段、特定国别、特定议题的历史细节挖掘和一般概述分析，缺乏对当前及未来东南亚华人基督宗教发展的整体性

---

① 代表作可参见陈岱娜：《转型中的"侨"与跨国社会领域——以潮汕与马来西亚善堂的互动为例》，载《广西民族大学学报》（哲学社会科学版），2016年第5期，第138—143页；范正义：《当前海外华人民间信仰跨地区交往和结盟现象研究》，载《世界宗教文化》，2014年第1期，第62—65页；陈进国：《中华信仰版图的建构与民间信仰的发展》，提交给"'宗教与中华文化软实力'高层论坛暨2013年中国宗教学会年会"的论文，北京，中国宗教学会、中国社会科学院世界宗教研究所、华侨大学，2013年6月8—9日，第41—76页；高伟浓、汪鲸：《从社会结构视角看东南亚华人宗教信仰——以马来西亚华人宗教为例》，载《东南亚研究》，2010年第2期，第74—78页；王光海：《马来西亚华人宗教信仰考察》，载《河南工业大学学报》（社会科学版），2008年第1期，第51—54页。

② 蔡振翔：《试论中国海外移民的共同性与特殊性问题》，载《华侨华人历史研究》，2002年第2期，第36页。

把握和规律性分析，具备较强学理性和前瞻性的学术成果也较为匮乏。

国外学术界在理论建构、实地调研、学科交互、人才储备等方面拥有深厚的研究积淀和显著的特色优势，海外华侨华人研究俨然已成为一门多领域、多时段、多国别专家学者共同参与的综合性、交叉性、边缘性学科方向。王赓武先生专门关注了东南亚华人认同的"两种文化规范""第一种是华人认为作为华人，他们应该恪守的文化规范（包括学习华文，维持家庭关系，以及对宗教、地域及其他加强华人社会团结的类似组织的支持）；第二种是华人认为有用并需接受的那些现代文化规范（包括华人社会以外的教育标准和职业结构，还包括非华语的外语技能，甚至还包括宗教皈依等各种反映异质社会的社会习俗）。"① 与此类似，日本学者游仲勋认为，若将华人社群置于特定的区域中来探讨该社群内部的一些重要因素（如文化、宗教、认同等），或者与其他社群之间的跨国互动关系，则用于华侨华人的词汇也须由过去的中国人、移民和东南亚，转变为现在的华族、本土化和国际化。② 具体来看，Gerda Wielander（2013）、R. G. Tiedemann（2010）、Barbara Watson Andaya（2010）和 Uhalley（2007）等学者对近代以来基督教在东南亚的传播进程进行了详尽梳理，并涉及新兴宗教与当地传统宗教及民间信仰的关系互动。其中，Juliette Koning 和 Heidi Dahles（2009）关注了海外华人选择信仰基督教的心理动机和社会背景，特别是身份认同、信仰变迁与文化涵化等相关问题。Philip Seib（2009）、Thomas F. Farr（2008）、Jan Melissen（2005）、Douglas Johnston（2003）、Moises Naim（2002）等则就海外宗亲信众参与公共外交等问题进行了专项研究，但除了王琛发（2014）和梁元生（2002）等人对于"教会

---

① Wang Gungwu, "The Study of Chinese Identities in Southeast Asia", in Jenifer W. Cushman and Wang Gungwu, *Changing Identities of the Southeast Asian Chinese since World War II*, HongKong: HongKong University Press, 1988, p. 14.

② 游仲勋著，邱新华译：《亚洲太平洋时代海外华人的经济发展》，载《南洋资料译丛》，1993 年第 1 期，第 93—96 页。

网络"（Church Networking）和"基督教公社"（Christian Commune）①的初步探讨，多数成果或是在探讨华侨华人社会文化问题时附带提及基督宗教信仰情况，或是仅就东南亚某一国家或几个国家的华人基督教或天主教情况进行个案考察，其对于华人宗教的组织机构、仪式规范、代表人物、活动领域等问题仍缺乏系统分析，针对东南亚华人宗教与中国本土宗教、东南亚民间宗教之间的联系互动也缺乏持续关注。

总之，就目前所能掌握的相关资料来看，论及东南亚华人基督宗教社团发展演变及其对中国-东盟人文交流影响的专项研究，国内外学术界总体上处于一个多重忽略的状态：关注中国宗教传统的欧洲汉学家们往往不重视海外中国移民这个庞大的群体以及基督教这样一个"洋教"②，关注东南亚华侨华人和社会团体的国内外学者亦较少聚焦以基督宗教为代表的非传统宗教信仰问题，而关注中国-东盟关系的国内外学者则往往有意或无意忽略宗教人文交流的独特功效；③就研究方

---

① Yuen-Sang Leung, "The Moses of China: Huang Naishang and the Chinese Christian Commune in Sibu", in Leo Surgadinata, ed. *Ethic Chinese in Singapore and Malaysia: A Dialogue Between Tradition and Modernity*, Singapore: Times Academic Press, 2002, pp. 337–352.

② 曹南来：《旅法华人移民基督教：叠合网络与社群委身》，载《社会学研究》，2016年第3期，第152页。

③ 代表作可参见 Yudhishthir Raj Isar, "Civil Society Actors in International Cultural Diplomacy", in Michael Hoelscher, Regina A. List, Alexander Ruser and Stefan Toepler, eds. *Civil Society: Concepts, Challenges, Contexts: Essays in Honor of Helmut K. Anheier*, Cham: Springer, 2022, pp. 233–248; Anthony Welch, "China–ASEAN Relations in Higher Education: An Analytical Framework", *Frontiers of Education in China*, Vol. 7, No. 4, 2012, pp. 465–485；于洪君：《扩大人文交流与合作，强化中国-东盟命运共同体意识》，载《公共外交季刊》，2020年第4期，第1—6页，第117页；陆建人、蔡琦：《中国-东盟人文交流：成果、问题与建议》，载《创新》，2019年第2期，第45—54页；邢丽菊：《人文交流与人类命运共同体建设》，载《国际问题研究》，2019年第6期，第11—24页；曹云华：《论亚洲文明对话视域下的中国-东盟人文交流》，载《对外传播》，2019年第4期，第4—7页；张骥、邢丽菊主编：《人文化成：中国与周边国家人文交流》，北京：世界知识出版社，2018年版；张斌、张莉、胡云莉：《进一步促进中国-东盟人文交流路径研究》，载《东南亚纵横》，2018年第6期，第83—92页；庄礼伟：《中国式"人文交流"能否有效实现"民心相通"？》，载《东南亚研究》，2017年第6期，第67—84页，第154—155页；邢丽菊：《推进"一带一路"人文交流：困难与应对》，载《国际问题研究》，2016年第6期，第5—17页，第122—123页；乌兰图雅：《"一带一路"背景下中国与周边地区的人文交流机制》，载《东北亚学刊》，2016年第5期，第18—19页；王晓玲：《"周边命运共同体"构建与人文交流思路的转换》，载《现代国际关系》，2015年第5期，第48—55页。

法而言，国内针对东南亚华侨华人、华人社团和华人宗教的相关研究以宏观分析和定性研究为主，而微观研究、定量研究、田野考察等恰恰是国外学术界的研究优势，因此改革开放以来日趋深入的国际学术交流无疑有助于展示东南亚华人基督宗教演化嬗变、社团建构、功能辐射、跨境互动的全貌，同时促进相关研究的交叉化、综合化和国际化程度。

第三节　核心概念界定

一、"华侨""华人""华裔""华族"

人们在谈论"文化中国"的"衍化""扩散"时，会注意到不少"中国人"之"身份"的"嬗变""外化"。这种"你中有我""我中有你"的复杂格局已使"民族"的"身份"、"国家"的"界限"变得模糊、复杂，在认识、处理问题时必须从这种"开放性"社会出发，必须具有"全球"眼光。[①] 具体来看，学术界和政策界与本研究密切相关的主体概念包括"华侨""华人""华侨华人""华族""华裔""华人离散者"等等。其中，"华侨""华人""华裔""华族"诸称谓的使用和流行，实际上反映了海外中国移民及其后裔这一群体的客观社会身份（social status）和主观认同（identity）的发展变化。[②]

首先，"华侨"（Overseas Chinese、Chinese Abroad、Chinese Sojourner）在1955年以前泛指在海外定居的有中国血统并在某种程度上保存中国文化的群体和个人，无论是否正式持有中国国籍。由于1955年中国政府正式放弃了双重国籍政策，此后"华侨"仅指那些保留中国国籍者，华人则通常指在一定程度上保持中华文化（或华人文化）、中国人血缘

---

① 卓新平：《"全球化"的宗教与当代中国》，北京：社会科学文献出版社，2008年版，第281页。
② 庄国土：《论东南亚的华族》，载《世界民族》，2002年第3期，第41页。

的非中国公民,当不强调法律身份时可涵盖华侨。根据《中华人民共和国归侨侨眷保护法》(2004)和《国务院侨务办公室关于印发〈关于界定华侨外籍华人归侨侨眷身份的规定〉的通知》(国侨发〔2009〕5号)的相关界定,"华侨"是指"定居在国外的中国公民",而依据国务院侨办的具体规定,"定居"指中国公民已获得住在国长期或永久居留权,并已在住在国连续居留两年,两年内累计居留不少于18个月。① 就此而言,这一称谓兼具明确的地理迁移和政治认同涵义。例如:多数老一代海外华人仍认同中国形象、中华文化及宗教信仰,新华侨和归侨生长于中国,虽然在海外接受教育和工作,但仍然保留中国国籍,较为关心关注中国发展,能够娴熟地游走于中外文化之间,并深谙国外公共舆论的运作规则。因此,应充分发挥此两者参与区域-侨务-宗教人文交流的主体地位,通过人际交流和信息沟通激发其充当中国-东盟关系桥梁的积极性。

其次,"华人"(Ethnic Chinese、Chinese Diaspora)"泛指具有中国血统者,今专指加入外国国籍华人的简称"②,即"在一定程度上保持中华文化(或华人文化)、具有中国人血缘的非中国公民"③。"华人"显然是具有"双重取向"者④,此概念也强调了"血缘兼文化"的划分标准。具体而言,华人"新移民"与下述新生代华裔群体更倾向于信仰基督宗教,对于中华文化的情感随着中国崛起而增强,但仍存在一定的政治认同和文化认同障碍,因此在更大意义上是作为人文交流客体而存在,应着重强化对该群体的信息传播和文化引导。

再次,"华裔"(Chinese Descents)专指拥有中国血统者(包括华人和具有中国血统的非华人),需要注意的是,"有华人血统但不认同

---

① 张秀明:《华侨华人相关概念的界定与辨析》,载《华侨华人历史研究》,2016年第2期,第3页。
② 周南京:《华侨华人百科全书·总论》,北京:中国华侨出版社,2002年版,第1页。
③ 庄国土:《华侨华人与中国的关系》,广州:广东高等教育出版社,2001年版,第9页。
④ 吴前进:《国家关系中的华侨华人和华族》,北京:新华出版社,2003年版,第372页。

中华文化的华裔，往往不包括在华人族群之内"①。正如王赓武先生所言："我们有必要既要驳斥所有那种将华裔都统称为'华侨'这样草率而懒惰的做法，也要反对那种故意含糊地使用华侨-华人这样混淆的术语。"②

最后，"华族"（Ethnic Chinese Group）是"由保持华人意识的中国移民及其后裔组成的稳定的群体，是当地族群之一，构成当地国家民族（state-nation）的组成部分"③。这一群体的政治认同和爱国热情往往已经投放到住在国，但就种族和文化而言又与当地其他族群存在显著差异，这种差异无论在主体自觉或客体认知方面均体现得十分明显。

二、"社团""华人社团"

从学术界普遍认可的界定来看，"社团"是"具有某种共同目的、利益以及其他共同特征的人通过一定形式组合起来的互益组织"④。同时也是"人们为了实现一定的宗旨，依照一定的法律，自愿结成的不以营利为目的的社会组织"⑤。1998年，中华人民共和国国务院颁布的《社会团体登记管理条例》当中曾经明确规定："社会团体是指由中国公民自愿组成，为实现会员共同意愿，按照其章程开展活动的非营利性社会组织。"社团应具有公共性、正式性、组织性、民间性、非营利性、自治性和志愿性等基本特征。⑥

与此相应，"早期移居国外的华侨，为了团结互助、自救自卫、联

---

① 曾少聪：《漂泊与根植：当代东南亚华人族群关系研究》，北京：中国社会科学出版社，2004年版，第7页。
② 王赓武：《王赓武自选集》，上海：上海教育出版社，2002年版，第218页。
③ 庄国土：《论东南亚的华族》，载《世界民族》，2002年第3期，第41页。
④ 王颖：《社会中间层——改革与中国的社团组织》，北京：中国发展出版社，1993年版，第25页。
⑤ 吴忠泽：《社团管理工作》，北京：中国社会出版社，1996年版，第1—2页。
⑥ Gordon Marshall, *Oxford Concise Dictionary of Sociology*, Oxford: Oxford University Press, 1994, p. 557；王名等：《中国社团改革》，北京：社会科学文献出版社，2001年版，第12页。

络感情、共谋生存与发展，或以血缘宗亲，或以地缘同乡，或以业缘同行等为纽带，自发建立起来互助联谊与自治的社会组织形式。"① 海外华侨华人社团被视为华侨华人社会的基石和核心，是联系和团结华侨华人的桥梁和纽带。"三缘"（血缘、地缘、业缘）社团在其中占据着至关重要的地位，而"缘"字本身讲的便是人与人、人与地域、人与文化、人与器物之间所产生的一种难以割舍的联系或结合。"然而，就整体而言，东南亚各地的宗亲、同乡等以中国故乡为纽带的社团对第二代、第三代华人的吸引力越来越小，其他以当地事务为联系纽带的社团正在兴起。"② 值得关注的是，不同类型的华人社团在组织和功能上是相互关联的，由此交织而成庞杂的华人社会网络，加强对东南亚地区华人社团的系统探讨，有助于全面深入了解东南亚华人社会的特殊性和多样性。

三、"人文交流"

跨境人文交流进程的扩展深化是世界多极化、经济全球化、社会信息化、文化多样化等诸多因素综合推动的结果。从广义上讲，"人文交流"泛指人类社会的各种文化现象，涉及一切以人为载体的各个领域的社会活动。从狭义上讲，"人文交流"主要指的是文艺、哲学、政治、经济、教育、新闻及体育等领域的沟通和互动行为。③ 与公共外交（Public Diplomacy）、民间外交（People to People Diplomacy）、文化外交（Cultural Diplomacy）、人文外交（Humane Diplomacy）等其他对外交流概念和方式相比，人文交流（People to People and Cultural Exchanges）更具人文性、社会性、基础性、广泛性、先导性、持久性、互动性和包容性等特征。这一理念结合并突破了以民族国家为中心的

---

① 谢成佳：《华侨华人百科全书·社团政党卷》，北京：中国华侨出版社，1999年版，第1—2页。
② 庄国土：《论东南亚的华族》，载《世界民族》，2002年第3期，第47页。
③ 邢丽菊：《人文交流与人类命运共同体建设》，载《国际问题研究》，2019年第6期，第11—24页。

现实主义国际关系理论范式,进一步提升了文明、文化、认同因素在当代国际关系中的作用,"也就是说,人文交流在国际关系中的意义,需要通过社会进程来理解。虽然这个进程极为分散,但是只要足够持久而密集,就可以构筑一张国家间社会交往的网络,在其无数节点上形成各个领域的利益共同体。"①

中华文明是世界历史进程中唯一延续至今的体系存在,中华文明共同体对于周边国家和地区、"一带一路"沿线国家乃至整个世界的影响力可谓广泛而深远。早在 2012 年,党的十八大报告便曾明确提出"扎实推进公共外交和人文交流"②。2017 年,党的十九大报告又指出"加强中外人文交流,以我为主、兼收并蓄",进一步为中外人文交流提供了指导思想。同年 12 月,中共中央办公厅、国务院办公厅印发《关于加强和改进中外人文交流工作的若干意见》③,这是党中央首次针对如何加强和改进中外人文交流工作制定的专门文件,也成为各级政府、企事业单位和民间社会团体开展对外人文交流的统领性文件。其中明确指出,中外人文交流是党和国家对外工作的重要组成部分,是夯实中外关系社会民意基础、提高中国对外开放水平的重要途径,同时,在政策实践层面,中国分别与美国、英国、法国、德国、欧盟、印度、南非、印尼等国家和组织建立了高级别人文交流机制,定期或不定期举办会议、论坛、参观、访问、培训等一系列活动,努力架设中外公众之间沟通情感和贯通心灵的桥梁,积极搭建国家之间深化理解与构筑信任的纽带。

四、"公共外交"

"公共外交"是在理论和实践层面与"人文交流"密切相关的另

---

① 俞沂暄:《人文交流与新时代中国对外关系发展——兼与文化外交的比较分析》,载《外交评论》,2019 年第 5 期,第 52 页。

② 《胡锦涛在中国共产党第十八次全国代表大会上的报告》,http://www.xinhuanet.com//18cpcnc/2012-11/17/c_113711665_12.htm。

③ 《中共中央办公厅、国务院办公厅印发〈关于加强与改进中外人文交流工作的若干意见〉》,http://www.xinhuanet.com/politics/2017-12/21/c_1122148432.htm。

一重要概念。1965年,美国塔夫茨大学费莱彻法律与外交学院院长埃蒙德·格利恩(Edmund Gullion)率先将"公共外交"界定为:"一项超越传统外交的国际关系范畴,主要研究公众态度对于国家外交政策制定与执行的影响,具体包括一国政府在他国境内培植舆论、该国利益集团与另一国利益集团在政府体制以外的相互影响、外交官和记者等之间的沟通联系及跨文化交流。"① 作为"新公共外交"(New Public Diplomacy)研究的代表人物,荷兰学者扬·梅利森(Jan Melissen)认为,"公共外交是外交公开化的产物,是国家、国家联盟、次国家和非国家行为体了解文化、态度和行为,建立和管理关系,影响思想和调动有利于他们行业价值的行为的工具。"② 美国学者约瑟夫·奈(Joseph S. Nye)也专门研究过公共外交视阈下非政府组织的网络灵活性,认为新公共外交"不再局限于信息传递、倡议活动,甚至是政府与外国公众的直接接触(服务于外交政策目标);它包括了以下两个方面:一是建立与其他国家市民社会行为体之间的联系,二是促进构建国内外非政府团体之间的网络。……公共外交从单向传递向双向对话的演进过程,便是将公众视为意义的共同创造者与信息的共同传递者。"③ 这一观点显然更加强调参与主客体的扁平化、去中心化、信息互动及持久关系的构建。与此类似,察哈尔创会主席韩方明教授认为:"面临全球化、信息化和市场化的冲击,非国家行为体成为公共外交的主力军,非国家行为体主要包括政府官员、商界集团、海外侨胞和族裔群体、非政府组织和思想库。他们构成了公众的利益代表者和意见表达者,也是公共外交最强大的依靠力量。"④ 国务院新闻办原主任赵启正也认为,公共外交与传统对外宣传、文化外交最大的不同之处在于,其行为主体虽然包括政府外交部门,但更多的是非政府组织,如

---

① "What Is Public Diplomacy",http://fletcher.tufts.edu/Murrow/Diplomacy.
② 扬·梅利森:《公共外交:欧洲的视角》,载《公共外交季刊》,2013年第1期,第105页。
③ 约瑟夫·奈:《新公共外交:非政府组织与网络》,载《公共外交季刊》,2010年第2期,第53—54页。
④ 韩方明:《公共外交概论》,北京:北京大学出版社,2012年版,第70页。

民间团体、大学、研究机构、媒体、宗教组织，以及国内外有影响的人士。在政府的有效组织和协调之下，上述社会力量借助各自的国际交往舞台，以不同角度和专业语言向境外的特定对象传导本国的利益和政策理性。① 就此而言，那种将公共外交、民间外交、文化外交完全对立或混同起来的做法显然是不可取的，而完全或机械照搬照抄西方公共外交理论与实践，而不对其加以有鉴别地吸收运用同样是不可行的。

首先，就参与主体而言，国内外学术界不仅承认一国政府主管部门及其附属机构在公共外交战略制定实施过程中的主导地位，而且关注到社会公众和草根阶层不断强化的基础性角色，特别是文化团体、社团组织、社会精英、普罗大众等等，借助各自跨境互动平台，面对国外非政府组织、公众甚至政府机构，从不同角度表达本国的国情、政策与立场；其次，就交往议程而言，相关研究均认可信息传播、人文交流和国际公关等行为方式，特别是公共外交主客体围绕文化、教育、艺术、旅游等领域进行的跨境互动；再次，就互动方式而言，现有研究均认可主体与客体使用的信息交换、对话交流、情感沟通、认知协调等多元手段，注重积极创建并有效维持主客体之间关系互动；② 最后，就政策效用而言，产、官、学各界普遍赞同公共外交对于实现彰显价值观念、赢得外部理解、优化国家形象等核心目标③的重要作用。具体来看，"公共外交的目标具有层次性，短期目的是澄清事实，提高本国在国际社会的知名度或者知晓度；中期目标是传播知识，提高本国的美誉度；长期目标则是塑造形象，确立价值，增强各国公

---

① 赵启正：《由民间外交到公共外交》，载《外交评论》，2009年第5期，第2页。
② Bruce Gregory, "American Public Diplomacy: Enduring Characteristics, Elusive Transformation", *The Hague Journal of Diplomacy*, Vol. 6, No. 3, 2011, p. 353.
③ Christopher Ross, "Public Diplomacy Comes of Age", *The Washington Quarterly*, Vol. 25, No. 2, 2002, p. 77.

众对该国的认同度,增强一个国家在国际社会的软权力。"① 换句话说,公共外交参与者的交流互动有望从"独白"(monologue)层次向"对话"(dialogue)与"合作"(collaboration)层次迈进,② 从而最终实现约瑟夫·奈(Joseph S. Nye)主张的"赢得他国或他人信服"③,充分发挥出所谓"心灵政治"④ 的特性和优势;就形式内容而言,尽管公共外交中较为重要的组成部分是文化交流,致力于传播中华优秀传统文化,塑造中国在国际社会的软实力,消弭国际社会的意识形态与价值观念冲突,但公共外交旨在"赢取人心"的核心目标不应仅仅等同于文化外交与对外宣传等议程,⑤ 这一理论与实践范畴也不应剥离以国家安全利益为核心的"高级政治"(High Politics)属性。

第四节　关键理论价值与核心现实意义

一、有助于充分发挥侨务公共外交理论之研究特性

人口迁徙始终是助推经济全球化和文化多样化的重要因素,20世纪以来,国际移民逐渐成为世界各个地区社会发展和转型的关键因素,20世纪后半期甚至由此被誉为"移民的时代"。澳大利亚纽卡斯尔亚太社会转型研究中心主任斯蒂芬·卡斯尔斯(Stephen Castles)认为,"移民乃是当地社区和国民经济融入全球关系的结果。同时,又是促使

---

① 韩方明主编:《公共外交概论》(第二版),北京:北京大学出版社,2012年版,第9—10页。
② Geoffrey Cowan and Amelia Arsenault, "Moving from Monologue to Dialogue to Collaboration: The Three Layers of Public Diplomacy", *The Annals of the American Academy of Political and Social Science*, Vol. 616, 2008, p. 11.
③ Joseph S. Nye, "Public Diplomacy and Soft Power", *Annals of the American Academy of Political and Social Science*, Vol. 616, No. 1, 2008, pp. 94-109.
④ 唐小松、王义桅:《公共外交对国际关系理论的冲击:一种分析框架》,载《欧洲研究》,2003年第4期,第66页。
⑤ 莫盛凯:《中国公共外交之理论与实践刍议》,载《外交评论》,2013年第4期,第46页。

移出和移入国家发生进一步的社会转型的原因。……移民削弱不同语言、文化、族群和民族国家之间传统的边界，因而也就向文化传统、民族认同和政治机构挑战，促使民族国家的自治趋于衰微。"① 20 世纪70 年代，全球仅有不超过十个国家设立了专项的海外移民机构，截至2014 年，全球已有 110 个国家专门设立了海外移民机构，其中绝大多数机构均是在近十年时间内陆续建立的。② 截至 2015 年，海外华侨华人总数已超过 6000 万，分布在全球近 200 个国家和地区，"随着中国全方位外交的展开以及统筹好国内、国际两个大局的需要，华侨华人在中国全球化过程中的作用将进一步强化，并在公共外交领域产生一定的影响。从民间外交到公共外交的重点转变需要思路上的突破和相关政策的调整。"③ 就理论内涵而言，中国的"侨务公共外交"是中国有关政府、社团和民众通过信息传播、文化交流等手段与华侨华人进行接触和沟通，引导和鼓励他们向居住国公众和政府介绍中国的基本国情、发展道路、内外政策、治国理念、历史文化和价值观念，以消除误解、传播信息、塑造价值，进而树立中国良好的国家形象，提升中国软实力。④ 与单纯的文化外交或对外宣传等政策工具相比，侨务公共外交涉及的行为主体和实施主体介于政府与非政府之间，旨在通过主动性（proactive）的、而非反应式（reactive）或关系性（relationship）的行动，寻求实现参与主体与客体之间的战略沟通（strategic communication）。⑤ 莫伊斯·纳伊姆（Moises Naim）曾对此予以高度评

---

① 斯蒂芬·卡斯尔斯：《21 世纪初的国际移民：全球性的趋势和问题》，载《国际社会科学杂志》（中文版），2001 年第 18 卷第 3 期，第 21 页。

② Jennifer Lee, Jorgen Carling and Pia Orrenius, "The International Migration Review at 50: Reflecting on Half a Century of International Migration Research and Looking Ahead", *International Migration Review*, Vol. 48, 2014, pp. 3-36.

③ 刘宏：《海外华侨华人与中国的公共外交：政策机制、实证分析、全球比较》，广州：暨南大学出版社，2015 年版，第 23 页。

④ 鞠海龙：《侨务公共外交：内涵界定与特点辨析》，载《东南亚研究》，2013 年第 3 期，第 66 页。

⑤ Eytan Gilboa, "Search for a Theory Public Diplomacy", *The Annals of the American Academy of Political and Social Science*, Vol. 616, 2008, p. 73.

价，认为"移民散居者在推动跨国联系中的作用越来越重要，他们往往充当居住国与祖籍国社会之间沟通的桥梁，同时促进价值观的传递与融合。"① 东南亚华人社团的侨务公共外交潜力发挥与两方面因素密不可分：一是海外华人族群成为沟通华人社会与所在国政府、华人和所在国各族群，以及华人社会之间"内体系"的中介体，也成为联系中国与东南亚各国，以及东南亚各国之间"外系统"的桥梁。② 二是海外华人族群体所拥有的跨文化交际客观条件和主观能力，"他们的移民过程与祖（籍）国及目的地的历史与社会建构过程紧密相连。他们的跨越国界的行为、跨越空间的民族共同体属性以及在居住地的社会化行为不仅体现出移民的文化和国家认同取向，而且会影响移居地对移民祖（籍）国的文化认同。"③ 因此，以东南亚华人基督宗教社团为考察切入点，有助于进一步调动海外华人参与跨境互动的积极因素，深入探究新时期侨务公共外交的优势与特性。

二、有助于重新认知宗教人文交流理论之研究特性

作为人类精神文化缘起古远且影响深远的精神信仰和思想体系，宗教在不同民族、国家，以及文明的形成和发展中起着非常重要的作用。"宗教信仰已成为国际交往、国际关系中的一个重要因素，被视为基本人权的表现。"④ 与此相应，宗教非政府组织（RNGOs）与主权国家、政府间组织以及其他非政府组织跨境进行各类互动，由此构成全球治理进程之中的一个因素。"宗教交流作为民族与民族、国家与国家、地区与地区之间在思想、价值观和情感层面的互动，其影响往往

---

① Moises Naim, "The New Diaspora", *Foreign Policy*, 2002, pp. 95-96.
② 朱冬芹：《冲突与融合——菲华商联合会与战后菲华社会的发展》，厦门：厦门大学出版社，2005年版，第20页。
③ 刘宏：《海外华侨华人与中国的公共外交：政策机制、实证分析、全球比较》，广州：暨南大学出版社，2015年版，第27页。
④ 卓新平：《中国宗教与文化战略》，北京：社科文献出版社，2013年版，第220—221页。

要比基于现实利益的政治结盟和经贸交流等更为深刻持久。"① 由此可见，宗教因素的引入将拓展人文交流所涉主体与客体维度，为新时期我们向世界讲好中国故事提供一个平台。关于东南亚华人基督宗教社团的案例分析有助于我们深化对中国-东盟宗教人文交流的认知，更好发挥宗教人文交流的积极作用。

三、有助于深入挖掘区域-侨务-宗教人文交流之研究特性

人文交流视阈下的宗亲信众跨国互动不同于单纯的文化外交、民间外交和侨务外交，其本质融合了"区域多边外交""侨务公共外交""宗教人文交流"等多重意蕴，并充分体现出区域-侨务-宗教三重叠加效应。从主体来看，"我国是传统宗教大国，具有丰富的宗教文化遗产，在海外拥有人数庞大的华侨和华裔信众团体。"② 国务院侨务办公室原副主任何亚非曾表示，"侨务公共外交可利用中国丰富的宗教资源，针对海外侨胞宗教信仰各异、信众颇多的侨情，开展与信仰有关的工作"③。而从客体来看，"海外华人信仰组织各自拥有一定数量的信徒或非信徒支持者，日常接触的对象有高官显要也有一般公众，其支持者虽然不一定都是华人，但一起通过信仰组织去认识中华文化，也保持对华人或中华文化友善的基本立场。由此便形成其特有的优势：既因熟悉中国而与中国对话，又因熟悉当地而与当地对话，更有沟通中国和当地的优势。"④ 因此，相较于一般功能性主体针对现实问题而开展的对外交流活动，血缘宗亲以及宗教信徒之间的交流互动往往参与更为广泛、效用更为持久。

---

① 徐以骅：《全球化时代的宗教与中国公共外交》，载《世界经济与政治》，2014年第9期，第76—77页。
② 徐以骅：《中国宗教"走出去"的挑战和机遇》，载蒋坚永、徐以骅主编：《中国宗教"走出去"战略论集》，北京：宗教文化出版社，2015年版，序二，第10页。
③ 何亚非：《宗教是中国公共外交的重要资源》，载《公共外交季刊》，2015年第8期，第23页。
④ 王琛发：《海外华人信仰组织与中华文化的传播》，载刘泽彭主编：《"国家软实力及华侨华人的作用"国际学术会议论文集》，广州：暨南大学出版社，2013年版，第111页。

四、有利于借助东南亚在外交布局中的地缘优势积极应对现实挑战

众所周知,"南洋"地区是我国亘古相依的近邻,东南亚则是连接"三洲两洋"的结合部、关键节点与重要枢纽。东南亚地区处于当前"21世纪海上丝绸之路"倡议落实的关键环节,因此东盟及其成员国已成为中国经略周边的优先方向,中国-东盟关系互动也由此成为周边命运共同体乃至人类命运共同体构建的先行区和示范区。2013年10月24—25日,中共中央召开新中国成立以来的首次周边外交工作座谈会,习近平总书记在谈及"打造周边命运共同体"时特别强调,"要着力加强对周边国家的宣传工作、公共外交、民间外交、人文交流,巩固和扩大我国同周边国家关系长远发展的社会和民意基础。"① 这无疑为我们面向东南亚国家和社会开展人文交流工作指明了方向。2021年是中国和东盟建立对话关系30周年,经过30年的不断发展,人文交流已成为中国-东盟政治安全和经济合作关系之外的第三根重要支柱,双方围绕跨境旅游、会展、教育、影视、媒体、科技、智库、卫生等领域开展了全方位、多层次、宽领域的人文交流合作。但需要关注的是,东南亚是由政治、经济、社会、文化、安全等诸多方面发展极不均衡的区域整合而成的非均质化系统,"当代中国-东南亚协合是由一系列多层的网络关系——从个人、家庭、公司、社会团体、国家到全球资本主义——所建构和维系的。……中国-东南亚互动关系构成了亚洲、亚太地区,以至整个全球变迁的一个有机组成部分。"② 近年来,各利益攸关方针对东南亚地缘政治和地区秩序的竞争日趋激烈,在美国"重返亚太"投射实力、"中国威胁论"甚嚣尘上、周边国家民众对中国"近而不亲""密而不亲"的情势下,中国与个别东南亚

---

① 《让命运共同体意识在周边国家落地生根》,http://www.xinhuanet.com/politics/2013-10/25/c_117878944.htm。

② 刘宏:《中国-东南亚学:理论建构、互动模式、个案研究》,北京:中国社会科学出版社,2000年版,第19页,第21页。

国家围绕历史分歧、经济竞争、海上纠纷、公民安全等问题不断，这已经成为影响中国-东盟传统睦邻友好关系健康发展的消极因素。我国应从全球视野来审视东南亚在统筹国内国际两个大局当中的作用，积极落实"亲、诚、惠、容"的周边外交方针，不断增进双方对于彼此文化的认知和尊重，努力夯实关系互动的民意基础和走深走实的社会根基，从而为构建中国-东盟人文共同体和命运共同体奠定坚实基础。

五、有利于依靠东南亚华侨华人的地缘-亲缘优势积极应对现实挑战

中国已成为世界公认的侨务资源大国，而东南亚则是海外华侨华人移居进程最早、数量最为庞大、居住最为集中、关系最为敏感的地区，"最重要的一点是，历史上华侨华人社会不仅最早发轫于东南亚，而且也最早成熟于东南亚。"① 既往事实证明，华侨华人群体既在东南亚地区经济社会发展进程中扮演着重要角色，又在中国民族存亡、国家建设、改革开放、文化交流等方面均作出了重要贡献，还成为共享"一带一路"建设成果、共建人类命运共同体伟大构想、共圆中华民族伟大复兴的中国梦过程中的独特资源，这一点与意大利、德国、西班牙、葡萄牙等欧洲侨务大国的海外族裔分布及其与母国的互动状况形成了鲜明对比。中国政府高度重视以华侨华人为纽带开展人文交流工作，努力促进中国与东盟地区社会的全方位互动。早在1995年，时任福州市委书记的习近平同志便提出运用"大侨务"观念指导新时期的涉侨工作，特别是将侨务工作重心从老一代华侨转向新移民和新侨裔，鼓励海外族群在祖籍地的互动合作，并打破传统原乡关系寻求更广阔联系。② 在2011年年底颁布的《国家侨务工作发展纲要（2011—2015年）》当中，我国首次正式提出"侨务公共外交"，并明确指出：当前和今后一个时期侨务工作的一个主要任务是，围绕国家总体外交战略，拓展侨务公共外交。与此同时，官方层面亦正式将"以侨为

---

① 周聿峨、龙向阳等：《华侨华人与国际关系》，厦门：厦门大学出版社，2012年版，第24页。
② 习近平：《"大侨务"观念的确立》，载《战略与管理》，1995年第2期，第111—113页。

桥——沟通中国与世界"提升为"十二五"时期侨务工作的重中之重。2016年12月，国务院印发的《国家侨务工作发展纲要（2016—2020年）》进一步将大力拓展侨务公共外交列为"十三五"时期的重头工作，强调要发挥侨务资源在中国各项重大战略实施中的独特作用。2016年7月1日起中国正式成为国际移民组织（IOM）的成员国，2018年4月中国国家移民管理局正式组建，这均成为中国构建现代移民管理制度、深度参与全球移民治理的应时举措，并有望为更好地服务海外华侨华人和对外开放新格局提供坚实的组织保障。然而，大国崛起将不可避免地影响触动区域政治、国际秩序和族群关系，中国综合实力的大幅提升便可能对东南亚华人社会的内外融合增添变数，而那些视华侨华人为潜在颠覆力量或过分强调其经济角色的论调，也极易导致华侨华人沦为某些东南亚政客煽动反华排华浪潮的"牺牲品"或"导火索"。例如：2012年4月，中国官员在印度尼西亚发表的有关当地华侨华人对中国的经济贡献和文化联系的讲话，在当地引起了不小的反响，甚至有人要求关闭当地的华人社团，因为它们可能被当作"第五纵队"。① 就此而言，我国应将东南亚华人及其社团组织作为构建"21世纪海上丝绸之路"和"周边命运共同体"过程中的特殊资源，不断夯实中国-东盟关系可持续发展的社会民意基础，持续优化"一带一路"大周边区域的软环境建设。

六、有利于依托东南亚华人基督宗教的地缘-亲缘-神缘优势积极应对现实挑战

一方面，"中国作为世界第一人口大国所具有的巨大的潜在流动人口资源，中国特有的政治、经济体制和文化传统，特别是'中国特色'的现代化发展道路，中国对华侨华人所给予的重视，以及华侨华人自身在海外所表现出的似乎难以'同化'的异文化特质，都可以成为解

---

① 刘宏：《海外华侨华人与中国的公共外交：政策机制、实证分析、全球比较》，广州：暨南大学出版社，2015年版，第52页。

释华侨华人备受关注的缘由。"① 另一方面，开放的地缘特征、交错的历史进程和重要的战略地位共同造就了东南亚文化系统的多元异质特性，古老宗教、传统宗教、新兴宗教、民间信仰共存共荣所体现的跨文化多样性尤为突出，其宗教格局及社会生态还具有混合性与多变性。具体而言，被喻为"世界宗教博物馆"的东南亚地区除了汇集全球最多的佛教徒（泰国）和伊斯兰教徒（印尼），还拥有亚洲唯一的天主教主导性国家（菲律宾），以及基督教影响力日趋深入的华人主导性国家（新加坡），基督宗教体系在各国政治、经济、社会、文化、外交等领域扮演的角色不可小觑。与此同时，宗教是我国海外侨民生活的重要组成部分，而侨民宗教不仅构成了"信仰中国"的海外板块，也是所在国家和地区宗教生活的有机组成部分。宗教团体通常是海外侨民最重要的社会组织之一。作为草根力量，侨民宗教和宗教团体可以影响所在国家和地区基层民众的中国观。因此，开展宗教侨务工作，加强与各类海外侨民宗教团体的联系，对推进"一带一路"倡议具有十分积极的意义。② 众所周知，"举世闻名的'丝绸之路'不仅是一条贸易之路、文化之路、和平之路，亦是一条名副其实的信仰之路。……一方面，它意味着中国积极接纳、融合共生；另一方面，它表现为中国真诚地向域外（海外）学习或传播优秀的宗教文化。这种频繁而良性的中外宗教互动，不仅塑造了中国自身，也同时塑造了中国的周边世界。"③ 然而，和伊斯兰教、佛教、道教等传统宗教在中国与东南亚关系中的突出作用相比，华人宗教尤其是华人基督宗教在中国-东盟人文交流乃至服务周边互利合作大局中的潜力仍有待深入挖掘。

---

① 程希：《华侨华人：作为研究对象的"特殊性"及其与中国的关系》，载《东南亚研究》，2005年第1期，第74页。
② 徐以骅：《中国宗教"走出去"的挑战和机遇》，载蒋坚永、徐以骅主编：《中国宗教"走出去"战略论集》，中国：宗教文化出版社，2015年版，序二，第15页。
③ 李华：《世界新公共外交：模式与趋势》，北京：时事出版社，2017年版，第241页。

第五节 核心内容、研究方法与技术路线

本研究以世界宗教、国际移民、人文交流、公共外交相关理论视角为支撑,核心研究案例为历史与现实维度中的东南亚华人基督宗教社团,关键研究议题是此类社团在新时期中国-东盟人文交流互动中的参与及影响。除去"导论"和"结论"两部分内容,具体研究过程将按照从宏观到微观、从国别到区域、从理论到实践的路线逐步展开。

一、近代以来东南亚华人基督宗教的传播进程与社团初创

本研究首先将运用进程追踪和层次分析探讨近现代以来基督宗教在东南亚华人群体当中缘起扩展的历史脉络、形成的宗派格局、呈现的特征趋势,进而通过比较研究提炼出东南亚华人基督教相对于传统基督教、中国本土基督教、东南亚其他传统宗教的内涵特性,以期将宏观考察和个案探究相结合,对这一外来宗教的本土化和扩张性成因作出全面分析。

二、东南亚华人基督宗教社团的多元演化与发展现状

作为近现代以来东南亚华人基督宗教传播的核心区域,菲律宾、马来西亚、印度尼西亚、新加坡等国华人基督宗教社团的数量、规模、类型和属性等日益呈现出多样化的演进态势。本研究借鉴社会组织学视角并参照华人社团概念,首先对海外华人基督宗教社团进行了界定,进而通过对比研究提炼出此类新型华人社团的多元类型与复合属性,还尝试通过案例分析对东南亚代表性国家的华人基督宗教社团的发展现状进行专题研究。

三、东南亚华人基督宗教社团的组织架构与运作体系

基于对文献资料的分析式解读和附属机构的参与式观察,本研究

将对东南亚地区和国家的华人基督宗教社团进行实证研究。一方面，通过对人力资源、功能领域、活动形式等进行历史考察和定量分析，提炼概括众多华人基督宗教社团的共性；另一方面，通过对机构类别、宗旨使命、机制架构等进行比较研究和案例分析，深入探究东南亚华人基督宗教社团的差异。

四、东南亚华人基督宗教社团的思想体系与文化认同

东南亚历史、文化、民族、宗教的丰富性无疑决定了该地区文化生态的多样性，也从根本上造就了华人族群身份认同的复杂性。通过借鉴文化学和人类学的相关理论视角和研究方法，本研究对东南亚华人基督宗教社团的神学思想、教规教理、仪式戒律、节日习俗等内容进行了专题探讨，以期充分展现海外华人宗教信仰及其仪式实践的社会内涵与文化逻辑，特别是基督宗教信仰体系、中华传统文化底蕴、东南亚当地宗教文化的相互调适与良性互动。

五、东南亚华人基督宗教社团的国内嵌入与传统功能

东南亚华人基督宗教社团是否能够将自身纳入东南亚各国的政教关系框架，以及是否能够针对信徒、社团及当地社会发挥积极功能，是我们衡量此类社团域内网络和传统功能的又一项关键指标。在对其思想资源和意识情感进行充分探讨的基础上，本研究转向此类社团所具备的精神信仰、自治互助、慈善施予、文化存续、认同强化等多维功能，并认为这种核心功能塑造既迎合了华人基督信徒的一系列急迫诉求，又拓展了自身在东南亚住在国的生存网络和发展空间，还体现出海外华人社团发展演化的一系列宏观特征和共性。

六、东南亚华人基督宗教社团参与中国-东盟人文交流的模式路径与互动实践

参照有关宗教人文交流和侨务公共外交的学理探讨，借鉴区域主义、制度主义和多层治理等理论视角的学术精髓，本研究尝试将分析层次进行多维扩展，聚焦东南亚各国华人基督宗教社团在中国-东盟官方/民间、双边/多边框架下与我国华人基督宗教组织之间的互动模式，特别是此类社团在新时期中国-东盟人文交流实践当中的参与路径、依托机制、效用发挥、制约因素等相关议题。

第二章 近代以来东南亚华人基督宗教的传播进程与社团初创

东南亚华人基督教的缘起几乎和华人下"南洋"的历史一样悠久。近代华人皈依异质文化的基督新教,形成一次"心灵迁移";离乡背井,"过番"海外,又构成一次"身体迁移"。海外华人处在中国本土社会的"边缘";基督教信仰是中华正统文化的"边缘"。因此,移民海外的基督教华人群体在"文化中国"处在两个"边缘"、经历过两次"迁移"。在"边缘"和"迁移"之间,华人基督教群体形成其独特的历史与经验,为"文化中国"与基督教传播史开出新的传统。[①] 那么,作为外来宗教信仰的基督宗教,具体是通过何种方式与路径,逐步为跨国情境下的东南亚华人群体所接受的呢?这一演化进程和历史形态,又具体呈现出怎样的阶段性特征?这是我们需要考察的首要问题。

[①] 朱峰:《基督教与海外华人的文化适应——近现代东南亚华人移民社区的个案研究》,北京:中华书局,2009年版,第185页。

第一节 16—19世纪：基督宗教东传与大陆华传推进下的初步扩展

伴随着近代资本主义的扩张，东南亚地区逐渐成为东西方文明交汇的必经之地。16世纪前后，东南亚多数国家开始被动卷入西方资本主义体系，基督宗教借助殖民势力向该地区"未涉之地"不断渗透传播福音，东南亚华人社群也随之成为传教士打开中国大门的"试炼场"。具体来看，这一时期葡萄牙天主教逐渐在马来西亚、印尼、泰国、缅甸等国扩散开来，菲律宾逐步成为西班牙天主教会在东南亚的主要基地，法国天主教会则集中在越南、泰国、柬埔寨等国传教。稍晚崛起的资本主义国家在东南亚的文化扩张和宗教竞争更为激烈。18世纪末，近代西方国家教会纷纷掀起普世宣教浪潮，以向海外非基督教国家和民族传播福音为己任的基督新教团体相继产生。荷兰教会专注于在印尼扩充势力，英国教会相继在新加坡、马来西亚、缅甸兴起，美国教会自19世纪起强行介入了菲律宾、缅甸、泰国、新加坡等国的宗教文化发展进程。基督宗教由此发展成为一种颇具特色的跨区域、跨民族和跨文化宗教，并逐步被移居当地的华人族群广泛接纳，"根据受众对外界信息的接受心理与习惯，非教徒最终转变成真正的基督徒，是社会环境、文化氛围、个人经历和心理、媒介使用、信息需求、媒介和信息供应等多方面共同作用的结果。"① 在考察海外华人向基督宗教的信仰转变进程时，应综合考虑其移民前后的个体因素、社会因素、文化因素、制度因素，如个性、危机环境、人际关系等等。②

从外部因素来看，东传运动直接推动了基督宗教信仰在华人族群

---

① 赵冰：《海外基督教会对华"网络传教"问题分析——以华人教会为切入点的考察》，载《中共浙江省委党校学报》，2016年第2期，第109页。

② Fenggang Yang, "Chinese Conversion to Evangelical Christianity: The Importance of Social and Cultural Contexts", *Sociology of Religion*, Vol. 59, No. 3, 1998, p. 238, p. 242.

当中的迅速传播。西方殖民者侵入东南亚地区后,为加强其文化攻势,多采用严厉的宗教政策限制华人的宗教信仰自由,①基督宗教由此充当了殖民当局的"工具"和"跳板",扮演着为殖民统治提供合法依据并对当地民众实施精神控制的历史角色。"基督教各宗会尤热衷于到海外殖民地传布天主教,各教士均以基督的战士自居,以使东南亚各土著民族迅速接受天主教/基督教的洗礼,并将此视为个人与集体无上的责任。"②例如:为了实现建立"东方天主教帝国"的野心,西班牙当局在殖民时期(1565—1898年)曾经大力推进菲律宾的天主教化,"天主教是西班牙文化的中心价值,接受这种信仰便成为一种对君主效忠的誓言。"③伴随着1565年之后马尼拉大帆船贸易规模的与日俱增,西属菲律宾鼎盛时期的华人移民多达两三万人,殖民当局一方面迫切需要华人提供的货物与技术性劳力,另一方面又将日渐增多的华侨华人及其风俗习惯视为殖民统治和天主教传播的最大障碍,④唯恐华商资本回流或与明帝国里应外合终将威胁其殖民统治。1571年,殖民者占领马尼拉之后,西班牙圣方济会(the Franciscans,1577年)、耶稣会(the Jesuits,1581年)、多明我会(the Dominicans,1587年)、沉思教派(the Recollects,1606年)等修会组织相继来到菲律宾,⑤例如:多明我会传教士在比农多和帕里安建立教堂,让传教士学习华语、华文,以便专门对华侨从事宣教活动。他们将此地视为向中国传教的跳板,企图使受洗的华侨教徒能够利用他们与中国家乡的联系,成为到中国

---

① 张龙林:《东南亚华人宗教问题初探——定义、历史分期与主要特征》,载《东南亚纵横》,2004年第6期,第68页。

② 李恩涵:《东南亚华人史》,北京:东方出版社,2015年版,第90页。

③ 陈衍德:《现代中的传统:菲律宾华人社会研究》,厦门:厦门大学出版社,1998年版,第213页。

④ H. de. la Costa, *The Jesuits in the Philippine 1581 – 1768*, Cambridge: Harvard University Press, 1961, p. 207.

⑤ Barbara Watson Andaya, "Between Empires and Emporia: The Economics of Christianization in Early Modern Southeast Asia", *Journal of the Economic and Social History of the Orient*, Vol. 53, Nos. 1-2, 2010, p. 362.

传播福音的"先驱"①。1588年，胡安·高宝（Juan Cobo）神甫抵达菲律宾，他竭尽全力学习中文，很快便掌握了多达3000个汉字，而且能够使用中文向当地华侨宣讲天主教教义。1593年，他编写了中文版《基督教教义》，并由华侨教徒龚荣（又名耿容，教名为胡安·德·贝拉）印刷出版，值得一提的是，该书在封面上专门标注了为华侨信徒而编写，而为了适应菲律宾华侨社会闽南人多的状况，该书也专门用闽南语进行编写。②值得关注的是，菲律宾最早出现的华人社团并非源于血缘和地缘的宗亲会或同乡会，而是成立于1687年、兼具天主教神缘属性和行政管理职能、主要面向菲华混血群体的"岷仑洛华人公会"（Gremio de Chino de Binondo）。除此之外，西班牙殖民当局还通过高压与怀柔并举的手段传播天主教，被视为"上帝之子民"和"西班牙国王之臣民"的华人天主教徒最多时达到三四千人，③据称1661年菲律宾华侨已有4000人受洗。"为了吸引华人皈依，西班牙殖民政府曾订定各项相关政策：如免除教徒劳役；准许与土著妇女通婚的华人拥有土地；教徒免除十年贡金，其后所需缴纳之贡金也比非教徒少，享有与土著同样的待遇。对于不愿受洗、所谓的华人'异教徒'，则实施隔离或驱逐政策，也不准许他们与土著妇女通婚。"④凶残的殖民者甚至于1603年、1635年和1662年多次发起针对在菲华人的大屠杀，据不完全统计，先后有十余万菲律宾华人在殖民统治者的屠刀之下罹难。所以，一些华人便在华人船只返航时跑到神父面前谎称自己生病，然后成功"在临死之前受洗"，这样他们的名字便在堂区登记在册，但是

---

① 庄国土：《中国封建政府的华侨政策》，厦门：厦门大学出版社，1989年版，第102页。
② Albert Chan, "A Note on the Shih-lu of Juan Cobo", *Philippine Studies*, Vol. 37, No. 4, 1989, pp. 481-482.
③ 吕俊昌：《西属菲律宾天主教与华人社会关系的延展与重构》，载《东南亚研究》，2016年第1期，第74页。
④ 赵树冈：《族群互动的历史隐喻：菲律宾南吕宋岛的凯萨赛圣母》，载《开放时代》，2013年第2期，第131页；林云、曾少聪：《族群认同：菲律宾华人认同的变迁》，载《当代亚太》，2006年第6期，第51页。

过几天就可以发现他们又在各个华人同业公会的头家手下干活。① 华侨华人通过受洗还容易与皈依见证人建立稳固的"公巴礼"（干亲制）关系②，进而依靠西班牙教父或教母获取商业利益，寻求财产安全，提升社会地位。由此可见，"菲华社会的特征是宗教生活的世俗化、世俗生活的宗教化。……人们信仰宗教，更注重其形式而非内容。因为从实用的、功利的文化取向出发，这种或那种宗教的义理信条如何，已无关宏旨，重要的是信仰宗教能在经济上获得更多的利益和更好的地位。"③ 这也折射出早期菲律宾华侨华人在宗教信仰选择方面的显著功利性，"华人充分利用了天主教所赋予的制度文化资源，建立了与殖民者、天主教会以及菲律宾人的联系，同时也巩固了华人族群自身的关系网络。西属菲律宾社会这种注重社会关系的文化与中国传统的民间社会文化有异曲同工之妙，华人教徒巧妙整合自身与异质文化的实践，充分反映了华人的灵活性与适应性。"④ 从19世纪中期开始，西班牙当局的殖民管制有所松动，中、南、北吕宋等地的华侨华人分布逐渐扩散至整个群岛区域，特别自20世纪初进入美国占领时期之后，菲律宾华人基督徒的数量获得了显著增长，首个华侨基督教会由美国圣公会于1903年在马尼拉设立，1903年11月，马尼拉华侨圣公会进行了第一次华侨礼拜聚会，这标志着基督教在当地华侨社会当中开始传播。

又如：自15世纪起，葡萄牙人和西班牙人逐步将天主教传入印尼东部，16世纪荷兰人和英国人尝试将基督新教传入，20世纪初，美国基督教卫斯理宗开始在雅加达、茂物、泗水和西加里曼丹等地向华人

---

① Nariko Sugaya: "The Life of Chinese Immigrants in Late Eighteenth-Century Manila"，载尼古拉斯·托马斯、聂德宁主编：《东南亚与中国关系：持续与变化》，厦门：厦门大学出版社，2006年版，第26页。

② Edgar Wickberg, *The Chinese in Philippine Life 1850-1898*, New Haven & London: Yale University Press, 1965, p. 193.

③ 陈衍德：《试析菲律宾华人宗教信仰的经济动机》，载《南洋问题研究》，1994年第1期，第41页。

④ 吕俊昌：《西属菲律宾天主教与华人社会关系的延展与重构》，载《东南亚研究》，2016年第1期，第78页。

传教，由于西方殖民当局并未积极致力于印尼华人与土著社会的同化，伊斯兰教在当地华人中的影响力始终相对有限，基督宗教由此获得了持续发展的有利时机。与此同时，因鸦片战争爆发前清政府厉行闭关锁国且禁止传教，西方殖民势力纷纷将地理位置得天独厚的马来亚地区作为替代性的传教中转站。1511 年，葡萄牙殖民者占领马六甲后曾强迫当地居民信仰基督教，1641 年，荷兰人占领该地后也如法炮制，这种宗教统治形式一直延续到英国殖民统治时期。1815 年，以英国人威廉·米怜（Willian Milne）为代表的第一批传教士携妻子抵达马六甲，其华人助手梁发（Liang Ah Fa）协助翻译印刷了许多传教材料，梁发也成为了当地首位华人牧师。1819 年正式开埠后，新加坡逐渐成为东南亚地区华人基督教发展较早的国家，并逐步形成一个跨区域的华人基督宗教跨国网络。新加坡第一位华侨受洗礼是在 1832 年，1834 年开办了第一座华人天主堂。1930 年新加坡有九座圣堂，其中五座专为华人，有教友 15 000 人。① 此外，这一时期曾在新加坡传教的伦敦会传教士有九名，其中有七名对华人传教；美部会传教士有七名，六名对华人传教；长老会和圣公会分别有两名和一名。1835 年 10 月，美部传教士帝礼士（Ira Tracy）为第一位华人基督徒 Chae Hoo 施洗，至 1846 年至少又有 13 名华人领洗。至 19 世纪中叶，当地华人社会已经出现以讲英语的侨生为主体的基督教社群，这些华人基督徒绝大多数均为布道站的雇佣人员或学生，而针对其他群体的传教成果则几近于无。② 1862 年，华人传教士陈诗武与吉斯伯瑞筹款建立了"马车路尾礼拜堂"（今长老会荣耀堂），这成为新加坡建立的第一间华人教会。1901 年，新加坡长老会拥有七所华人教会。"这个以马六甲华人教会为中心，以东南亚各地华人教会为节点，以书信为主要联系方式的网络，是西方差会海外基督教跨国网络的组成部分。新加坡华人基

---

① 《为什么海外有多座华人圣堂?》，https://www.xinde.org/index.php/show/20950。
② 苏精：《基督教与新加坡华人（1819-1846）》，新竹：台湾清华大学出版社，2010 年版，第 26 页。

督教与海外各地华人基督教的跨国网络，亦是该网络的组成部分之一。"① 再如：在佛教居于当地社会绝对主导的泰国暹罗，华侨华人也成为初期天主教和基督新教的主要传播对象。1826 年，郭士立首先由荷兰传道会（Netherlands Missionary Society）派到荷属东印度（Dutch East Indies）的海外华人中工作，但在 1828 年他转而与伦敦会（London Missionary Society）的捷科布·汤姆林（Jacob Tomlin）以及在新加坡和暹罗的三位中国助手一同工作。从 1828 年到 1831 年，郭士立使一群讲方言的华人皈依基督教，在人数上是最多的。② 1832 年，美国浸信会宣道士将庄约翰（John Taylor Jones）由缅甸调往曼谷，并于次年成功为三位曼谷华人受洗，此举由此被视为该会对华传教的开端。③ 1834 年，该会磷为仁牧师夫妇（Rev. Dr. William Dean）到泰国专门向华侨布道，并于 1835 年在曼谷创建了中国浸信会，至 1837 年 7 月已有 11 位会友，这成为远东地区的一间华人基督教会，名为"曼谷浸信会心联堂"。④ 到 1842 年，总共已经有 18 位华人浸信会教民。⑤

　　就内部因素而言，近代中国战火纷飞、列强肆虐，清政府腐败没落、闭关锁国，不仅无力顾及华侨华人，而且将其污蔑为"天朝弃民"，这致使该群体在居住国受尽歧视迫害。作为"非自愿移民"（Involuntary Migrants）⑥ 的典型代表，东南亚华人在人地两生且心系故土的情境之下选择接纳基督宗教信仰，反映了该群体寻求身心庇护、

---

① 张钟鑫：《华人网络与基督教网络的相互嵌入——近代新加坡华人基督教跨国网络探析》，载《华侨华人历史研究》，2015 年第 4 期，第 66 页。
② 李榭熙：《19 世纪中期（1835—1860）华人浸信会教民的曼谷—香港—潮州跨国网络》，载《东南学术》，2002 年第 1 期，第 42 页。
③ 吴义雄：《在宗教与世俗之间——基督教新教传教士在华南沿海的早期活动研究》，广州：广东教育出版社，2000 年版，第 102 页。
④ 《泰国华人教会简史》，http://www.pacilution.com/ShowArticle.asp? ArticleID = 10069。
⑤ 同②，第 43 页，第 49 页。
⑥ Gordon C. K. Cheung, "Involuntary Migrants, Political Revolutionaries and Economic Energisers: A History of the Image of Overseas Chinese in Southeast Asia", *Journal of Contemporary China*, Vol. 14, No. 42, 2005, pp. 55–66.

强化文化认同、融入主流社会、适应全新秩序①等心路历程。一方面，"早期中国人下南洋并非为了移民，而是追求财富。漂洋过海的风险、披荆斩棘的艰辛、堆金叠玉的渴望，使得早期华侨的宗教信仰不论是来自原乡还是出于侨居地，抑或是信仰上的改教，大多是出于经济目的。即使是已经落地生根、安家立业的华人，其宗教信仰也大多是为了经济利益。"②例如：为了获得到外省从事商业活动等权利，此时的一部分菲律宾华人曾被迫信仰天主教，但当他们一旦离开马尼拉，许多人便毫无保留地抛弃了十字架。在华社功能不彰的情况下，华人基督教团体便可以有效切入这个空隙。……要一个人之真正愿意改宗信别的宗教，一开始几乎都不是因为他真正了解这个宗教的真理，而往往是因为这个宗教的成员给予了陪伴与支持，满足了情感的需求。③另一方面，"华侨远涉重洋到海外谋生，不仅航海途中充满危险，而且今后的前途也是一个未知数。他们又都远离家庭和亲人，孤身一人在外漂泊，更需要有一种精神上的寄托。"④一旦乘桴浮海得以化险为夷，他们便认为此乃上帝庇佑之灵验，进而更加虔诚地笃信南洋当地的基督宗教。而在陌生的文化环境当中，如何去构建中国传统的"熟人社会"，进而拓展自身生存空间，也是每位初到东南亚的华人基督信徒不得不思考的重要问题。正如王赓武教授所言，"在英属、荷属殖民地建立起来之前，大多数去南洋的华人都渐渐地融入当地土著社会，接受土著人的风俗习惯和宗教。……他们也做中国的生意，但基本接受当地的风俗习惯，接受他们的宗教，如泰国佛教、西班牙统治下菲律宾

---

① Charles F. Keyes, "Christianity as an Indigenous Religion in Southeast Asia", *Social Compass*, Vol. 38, No. 2, 1991, p. 182.
② 杜淳、曾少聪：《东南亚华侨华人宗教信仰研究40年——基于改革开放以来中国学者的分析》，载《华侨华人历史研究》，2018年第4期，第52页。
③ 蔡维民：《印尼华人基督教会宣教初探——以苏门答腊为例》，载《亚太研究论坛》，2004年第23期，第88页。
④ 黄英湖：《五缘文化与海外华侨华人社团组织》，提交给"福建省五缘文化研究会学术研讨会"的论文，2002年，第351页。

的天主教、爪哇的伊斯兰教等，华人基本上都能接受。"①

需要关注的是，在早期华人基督宗教传播过程中，来自中国或东南亚当地的华人基督宗教人士扮演着关键角色，而与西方主导下的传教进程相比，由中国传教士传入东南亚的基督宗教文化也更容易被当地华人接受。例如：新加坡长老宗第一位华人牧师郑聘廷（Tay Sek Tin），以及卫理公会和圣公会知名华人牧师林称美、董新声、董秉盛、陈文川等②便是其中的典型代表。又如：1902年，英国殖民者曾委托在闽侯、古田、福清、莆田一带传教的林称美牧师招募500多名华工，由福建马尾陆续抵达马来西亚西海岸，开始拓垦当地的沼泽地带。再如：1909年，金井教会许声炎牧师由福建晋江到菲律宾传道时广收信徒，正式建立了旅菲中华基督教会，其下便包括了一些闽南语礼拜堂，其利用多位家族成员和门生在菲律宾经商或任教的便利，积极扩大在当地的宣教影响力，同时征募经费支持国内教会运作。③ 另如：19世纪中叶前的印尼华人福音传播便得益于宋尚节（John Song）博士等大陆地区的基督宗教精英信徒。至19世纪中叶，印尼华人基督教的活动已经初具规模，首个华人基督教团体由华人基督徒洪文瑞（Ang BoenSwie）在西爪哇省沿海的吴得拉玛尤（Indramayu）成立，据称其便是通过《圣经》而非荷兰传教士认识基督教的，这位印尼华人同时也是该社区的第一位基督教徒。④ 几乎与此同时，19世纪中叶马来亚华人社会开始出现以讲英语的侨生为主体的基督教社群。1890年前后，晚清福建著名进步人士、卫斯理宗华人基督徒黄乃裳带领同乡教友赴婆罗洲开辟"新福州"（今马来西亚砂拉越州拉让江流域的诗巫）

---

① 王赓武：《中国情结：华化、同化与异化》，载《北京大学学报》（哲学社会科学版），2011年第5期，第147页。
② 张钟鑫：《华人网络与基督教网络的相互嵌入——近代新加坡华人基督教跨国网络探析》，载《华侨华人历史研究》，2015年第4期，第69页。
③ 吴巍巍：《宗族、乡邻与基层信众：近代福建基督教华人牧师的人际网络关系初探》，载《福建师范大学学报》（哲学社会科学版），2016年第2期，第151—159页，第166页。
④ 《四位华人基督徒的思索》，http：//www.guojiribao.com/shtml/gjrb/20191008/1502184.shtml。

的事迹广为人知，这大概是中国历史上首次中国基督徒的大规模向外移民活动。1900年12月至1902年6月，来自闽清、古田、侯官、屏南等地的1118名乡人（其中约三分之二为基督徒）陆续抵达诗巫，移民区设有教堂、神职人员。1902年，诗巫基督教卫理公会建立，当时该宗教社团名为"诗巫基督教美以美会"，二战后改名为"诗巫基督教卫理公会"。1903年和1908年，该华人基督宗教社团在诗巫分别创建起新安堂和福源堂。"由于教会提供了经济、政治、教育和宗教多方面资源，这群来自'福州''兴化'的华人移民建立了一个完整的社群组织。他们在基督教会的帮助下取得移民和定居等资格和便利，依次建造村庄、教堂与学校，形成一个不易被当地社会同化的单一社群。在这个社群文化内，地缘关系、方言群体和宗教组织不是互相削弱，而是紧密联系，彼此强化。"① 这种以基督宗教为信仰纽带的集体移民方式显然促进了近代东南亚华人社会的构建与发展，有助于缓解早期海外华侨华人群体组织意识淡薄等问题，但其总体作用仅限于满足华社自身的功能需求，特别是在异国陌生而又恶劣的环境中如何睦邻而居、互济互助、共抵欺辱等生存问题。1912年，在福州人的影响下，101名福建兴化人在陈秉中、方家明两位教士的带领下，来到诗巫伊干江右岸的新珠山建立垦场，开荒种地，取得成功；作为整个诗巫地区经济发展的一项重要支柱，橡胶种植业最早也是由黄景和牧师引入到此地；与此同时，在沙巴州也出现了广东客家人（主要是惠州、龙州等地的客家人）在巴色教会的组织下的移民。② 通过叠合基督宗教、原籍社区、传统家庭与商业经济等多个层面的网络，这些华人基督徒合力建构了一个跨国族群信仰村落，其后人至今仍是马来西亚华人社会的一股重要政治经济力量。"更重要的是，移民活动打破民族、地域

---

① 朱峰：《基督教与东南亚华人社会的建立——以"新福州"、"兴化芭"为例》，载《基督宗教研究》，2003年第1期，第272页。
② 曹云华、程荃：《诗巫的福州人：海外华人的模范》，载《东南亚研究》，2016年第2期，第75页，第77页。

的界限，将基督教与中国社会的'文化适应'问题延伸至海外华人世界。基督教不再是单纯的西方宗教、地方宗教，还成为海外华人宗教信仰之一。"①

第二节 20世纪：基督宗教复兴与反华排华背景下的稳步扩散

总体而言，早期东南亚基督宗教不仅在信众构成方面具有典型的平民化特征，而且其社团初创与西方教会保持着密切关联。进入20世纪，在东亚地区基督教复兴和清王朝覆灭等因素的共同作用下，东南亚华人基督信徒与日俱增，堂区教会组织纷纷建立，这种迅速扩张趋势与20世纪之前东南亚华人基督宗教的发展进程形成了鲜明对比。如前所述，成立于1903年的马尼拉华侨圣公会虽然成为菲律宾华人基督教社团初创的重要里程碑，但由于其在经济和人事上均有赖于美国圣公会，因此实际上处于依附从属地位。1929年，一部分华侨信徒脱离华侨圣公会，重组为"旅菲中华基督教会"（后改称"菲律宾中华基督教会"），次年，另一部分华侨信徒又组成基督教联合会（后改称"福音堂"，再改称"基督徒聚会所"），这两个教会初始规模虽小，却是真正意义上的独立华侨教会。"对于菲律宾华人来说，对这一历史焦点认同比较容易，这也因为强大的天主教教会400余年来在菲律宾奠定了十分坚实且统一的基础。在这样的历史环境下，绝大多数的早期菲律宾华人社区都成功地寻找到了自己的位置。而菲律宾所独有的这些社会条件不仅确保当地的华人混血儿被社会承认，而且使得他们很容易地就融入独立后的菲律宾社会。"② 除大马尼拉地区外，宿务、纳卯、那牙、三宝颜、巴拉望等省市的华人基督社团也在朝着独立化

---

① 朱峰：《基督宗教对海外华人移民活动的影响——近代福建地区的三次集体移民活动述评》，载《宗教学研究》，2008年第3期，第105页。
② 王赓武：《天下华人》，广州：广东人民出版社，2016年版，第231页。

的方向稳步发展,如宿务华侨基督教会战前即由信徒自行组织,借用菲人礼拜堂聚会,然财政和行政均自立自理,1947年该会自行建筑的礼拜堂落成,遂有了自己的聚会场所。① 又如:至1935年,马来西亚华人基督徒先后在诗巫创办了40座教堂和40间教会学校,② 并陆续建立起《卫理报》(1950年)、卫理道学会(1954年)、卫理福音书局(1955年)和教友互助会(1956年)等一系列附设文教机构与福利机构。又如:20世纪20—30年代,伴随着印尼华人基督教徒数量的日益增多,各堂区教会组织纷纷成立。1926年,印尼雅加达教士包炳宏(Pouw Peng Hong)在芝帕库发起召开第一次华人教徒会议,提出建立华人统一教会组织及发展信徒问题,经过1927年井里汶召开的第二次华人基督教徒会议,印尼华人基督教协会(Chineseche Chriserlijke Vereeninging)正式宣告成立。③ 与此同时,印尼中华基督教会(Gereja Kristen Tionghoa)也设立了雅加达孟加勿刹克塔庞(吉打邦)区会,随后成立的有丹那望(塔纳阿邦)、茂物区会和兰加士勿洞卫理公会堂区、东爪哇区会(1934年),中爪哇区会(1936年),西爪哇区会(1938年),穆里亚门诺派区会(1939年)。1945年印尼独立后,印尼中华基督教会改名为印度尼西亚基督教会(Gereja Kristen Indonesia),开始吸收原住民基督教徒为会员。④ 尽管日本法西斯势力对于东南亚的侵略打断了基督宗教在该地区的持续传播,但却从外部诱发了东南亚华人基督宗教社团与大陆地区的跨境联络。抗日战争爆发后,在祖国抵御外敌入侵、争取民族独立的关键时刻,游离在外的东南亚华人基督宗教社团和信徒显露出民族自觉意识,一些华人基督教会在当地传道布教的同时,也与中国内地教会保持着千丝万缕的联

---

① 姜兴山:《菲律宾华人文化重构研究》,北京:中国社会科学出版社,2017年版,第202—203页。
② 张应龙:《马来西亚华人移民与基督教》,载《中国宗教》,2004年第2期,第46页。
③ 谢成佳主编:《华侨华人百科全书·社团政党卷》,北京:中国华侨出版社,1999年版,第183页。
④ 同③,第645页。

系，逐步将原有针对家庭、宗族和信仰的认知扩展为对国家的认同。例如："以对抗暴日为共同出发点，抗战期间中华基督教会和南洋华侨教会之间的互动，产生了相同认知和利益诉求。二者精诚协作，相互帮扶，南洋教会的经济支持改善了中华基督教会的经济状况，维持了教会的正常运作；中华基督教会在人员、理论上的扶助则促进了南洋教会的自身建设和灵性生活，激起了华侨教友的民族热情，提高民族认同度。总体而论，中华基督教会与南洋教会之间人员、资金的跨国流动，密切了二者的关系，在一定程度上达到了双赢的效果。"①

二战结束后，伴随着东南亚各民族国家的相继建立，该地区华侨华人群体普遍开始经历由"华侨社会"向"华人社会"的转变。与此同时，快速推进的工业化和现代化进程诱发了新一轮社会分化，农业社会人与人之间的温情纯朴逐渐让位于工商业社会赤裸裸的利益关系，"因而早期其先辈所供奉的那些神明已经难以满足他们的这种需要，也就在他们的心目中失去了原来在其先辈心目中所具有的较高品格。由于他们受到当地生活环境的制约，感到其先辈原来的信仰需要更新和发展，而当地某些宗教信仰，诸如天主教、基督教等，能够在某种程度上满足他们的需要，因而他们便改信其他宗教，这就自在情理之中了。"② 东南亚地区华人希望借由基督宗教信仰，或摆脱心理落寞，或寻求打拼动力，或融入主流社会，而作为西方文化和主流价值的重要载体，基督宗教被认为是现代的、理性的、没有种族色彩的"中立"信仰，尤其得到了东南亚新生代华侨华人的接纳认同。③ 例如：在后殖民化时代的印尼，作为"荷兰宗教遗产"的基督宗教与该国的现代化

---

① 谌畅：《抗战期间中华基督教会与南洋华人教会关系初探》，载《乐山师范学院学报》，2017年第1期，第110页。
② 李天锡：《华侨华人民间信仰的特点及其前景》，载《世界宗教研究》，1999年第1期，第117页。
③ Tong Kee Chiong, "Religious Conversion and Revivalism: A Study of Christianity in Singapore", A Report Prepared for the Ministry of Community Development, Singapore: Ministry of Community Development, p. 199.

第二章　近代以来东南亚华人基督宗教的传播进程与社团初创

与全球化进程密切关联，并十分契合印尼领导人的宗教观与国家观。苏哈托政权便积极通过基督宗教团体促进国家经济发展，特别是创建核心家庭、引入生物医学、扩展外岛屿少数族群的入学率等等。① 除此之外，西方殖民势力在统治期间曾尝试向华人信徒移交领导权并鼓励其结社自治，东南亚各国实现独立解放之后普遍推行信仰自由、族群和谐、政教分离的宗教政策，在菲律宾等基督宗教占据主导的国家，华人与当地族群的通婚率要显然高于印尼和马来西亚等伊斯兰教占据主导的国家，② 这同样为基督宗教在东南亚华侨华人群体当中的进一步扩散创造了有利环境。

然而，冷战背景下的两极对抗格局赋予了海外华侨华人群体意识形态斗争的浓厚色彩。尽管新中国于1955年正式宣布放弃血统主义原则，并向世界申明不再承认"双重国籍"的侨务政策，但华侨华人的外来者身份和对所在国的国民认同问题日益尖锐。由于"东南亚当地新兴民族国家在重新分配经济资源的过程中，与华侨的既有利益之间矛盾激化，冷战思维左右下的当地国政府视本国华侨华人与'红色中国'的天然血缘纽带为威胁"③，因此，这一时期东南亚国家普遍推行扶植土著族群、限制和排挤华人权利的政策。令人惋惜的是，从20世纪50年代到70年代末，马来西亚、印尼、缅甸、越南、柬埔寨等东南亚国家均曾爆发反华排华事件，华文教育及文化活动屡遭行政当局压制，大批华侨华人流离失所、辗转各地，或移居欧美国家，或返回中国内地，各类传统华人社团普遍遭受严重冲击，"改教者"（放弃原有宗教信仰者）逐渐成为基督宗教信徒增长的全新主力。表1为1965年东南亚地区华人基督徒、天主教徒人数及所占华人总数的比重。

---

① Chang-Yau Hoon, "Religious Aspirations Among Urban Christians in Contemporary Indonesia", *International Sociology*, Vol. 31, No. 4, 2016, p. 417.

② Surjit Mansingh, "Beijing and the Overseas Chinese", *China Report*, Vol. 27, No. 4, 1991, p. 313.

③ 李明欢、黄猷：《海外华人族群文化与海外华文教育》，载《福建论坛》（人文社会科学版），2009年第11期，第109页。

表1 1965年东南亚地区华人基督徒、天主教徒人数及所占华人总数的比重①

国家/地区	华人总数(人)	基督徒(人)	比例(%)	天主教徒(人)	比例(%)
缅甸	439 720	1500	0.30	2851	0.60
柬埔寨	900 000	250	0.02	980	0.10
印尼	2 534 001	105 000	4.00	82 466	3.20
老挝	56 000	—	0.00	246	0.40
菲律宾	340 767	4250	1.20	68 263	20.00
文莱	36 167	450	1.20	8393	23.00
沙巴	107 542	7072	6.50	15 001	13.90
砂拉越	240 700	8393	3.40	12 997	5.30
新加坡及马来亚联邦	4 483 435	96 108	2.10	25 559	0.50
泰国	3 790 590	2500	0.06	31 788	0.80
越南	1 468 006	650	0.04	7111	0.40

例如：印尼宪法和法律虽未确定该国国教，但却规定国民一定要拥有宗教信仰。在1965年"9·30"排华辱华风潮的影响下，苏哈托当局大举搜捕印尼共产党人，华文禁用、华校停办、华社取缔，仅有少数慈善、姓氏、基金会性质的华人社团幸免于难。1967年12月16日，印尼政府颁布《关于华人宗教信仰和风俗习惯的第14号指示》，禁止华人在公共场所举行中国传统的宗教和风俗习惯的节日活动。政府还通过半官方的"民族统一意识交流机构"（BAKOM-PMB），呼吁华人放弃孔教和道教，改奉广大原住民信奉的伊斯兰教、基督教和天主教。② 由于佛教被一些原住民视为封闭式的"外国宗教"，孔教在当

---

① 朱峰：《殖民地处境下的华人基督教——以近代东南亚华人社会为例》，载《福建师范大学学报》(哲学社会科学版)，2005年第2期，第125页。
② 江振鹏：《印尼华人穆斯林社团初探》，载《华侨华人历史研究》，2013年第4期，第35页。

第二章　近代以来东南亚华人基督宗教的传播进程与社团初创

时又不再为印尼当局所承认，众多华人和无神论者纷纷改信基督新教以规避迫害，这种选择既迎合了印尼立国五大原则当中的"神道主义"（信仰一神），又能够受益于基督教会丰富的经济资源且不必拘泥于伊斯兰教严苛的教规教义。① 在以上因素的综合作用之下，1957—1969 年期间印尼华人天主教徒的数量规模激增了 400% 之多。② 根据世界华福中心印尼区委会 1986 年的相关统计，该国华语教会已经有约十万名会友，而在讲印尼语的华人当中则有 80 余万的基督徒。正如王赓武教授所言："大多数华人存在着与许多来自血缘、地缘或方言群、寺庙、商业行会，以及或多或少的秘密会社等方面基本制度进行抗争的问题。……这在每一个足以对其所处环境作出种种反应的大的华人社会里都可以发现。例如，决定该信伊斯兰教或基督教……这些都可以视为寻找其他权力来源的努力。它甚至还反映了年轻华人从边际走向可以取代已经失去的中国中心的某种中心的愿望。"③

又如：第二次世界大战结束后，菲律宾中华基督教会等华人基督宗教社团开始致力于对外布道，特别是在马科斯执政期间（1966—1986 年），当地华侨纷纷加入菲籍，华人信众规模由此猛增，宿务、三宝颜、达沃（纳卯）等地亦建立了中华基督教会和基督教学校等社团组织。1969 年，杰拉德·麦克比思（Gerald Mcbeath）的一项调查显示，有 86% 的菲华青年学生信仰基督教，其中 71% 为天主教徒，15% 为新教徒。④ 1989 年，洪玉华、吴文焕做的一项调查表明，有 78% 的菲华人信仰基督教，包括 66.6% 的天主教徒，11.5% 的新教徒，还有

---

① 蔡维民：《印尼华人基督教会宣教初探——以苏门答腊为例》，载《亚太研究论坛》，2004 年第 23 期，第 79 页。
② Roderick Brazier, "In Indonesia, the Chinese Go to Church", *The New York Times*, April 27, 2006.
③ 王赓武：《海外华人研究的地位》，载《华侨华人历史研究》，1993 年第 2 期，第 6 页。
④ 谭天星：《变异与继承——谈从"华侨文化"到"华人文化"的发展》，载《华侨华人历史研究》，1996 年第 1 期，第 16 页。

9%的华人既信仰基督教，也信华人宗教（如佛教和其他民间宗教等）。① 华人问题研究学者德里西塔·昂·西和爱玲·巴维拉在20世纪80年代末和1994年进行的调查研究发现，菲律宾华人基督宗教信徒约占华人总数的78%左右，其中绝大部分华人信仰罗马天主教，1998年时有约三分之一至二分之一的华人为天主教徒。也有学者在20世纪90年代末的研究指出，菲律宾华人信仰基督宗教的比例已经达到83%，其中天主教徒高达70%，新教徒达13%，这也成为该国华人区别于其他东南亚国家华人的典型特征之一。由此可见，"与其他东南亚国家相比，菲律宾和泰国对于华人的同化政策更为自由且更为成功，其强调民族的文化意义而非种族意义，或许这得益于天主教和佛教及其与华人宗教的密切关联。而在伊斯兰教信仰占据主导的国家，宗教差异却阻碍了华人与当地居民的同化。"②

又如表2所示，1980年马来西亚仅有约5.84%的华人为基督宗教信徒，1991年已增至7.8%③，2000年又增至9.5%④，增长率高达123%，而同时期华人传统宗教信徒人数的增长率则仅为32%。例如：在砂拉越和沙巴两大地区，华人基督徒更是分别占到当地华人总数的36.6%和27.2%⑤。1970年时，砂拉越已有华人牧师48人，教堂64所，主日学校103所，基督教直属中小学、幼儿园28家。至2000年，两地华人卫理公会教会会友已达67 442人，教堂104家，布道所21处，专任华人牧师123人。⑥

---

① Teresita Angsee, *The Chinese in the Philippines, Problems and Perspectives*, Manila: Kaisa Para Sa Kaunlaran, 1990, p. 55.
② Leo Suryadinata, "Ethnic Chinese in Southeast Asia: Problems and Prospects", *Journal of International Affairs*, Vol. 41, No. 1, 1987, p. 150.
③ 张禹东：《马来西亚的华人宗教文化》，载《华侨华人历史研究》，1999年第1期，第65页。
④ Cheu Hock Tong, *Chinese Beliefs and Practice in Southeast Asia*, Malaysia: Pelanduk Publication Sdn. Bhd., 1997, p. 226.
⑤ 朱峰：《当代东南亚华人基督教浅析》，载《世界宗教文化》，2011年第1期，第59页。
⑥ 张应龙：《马来西亚华人移民与基督教》，载《中国宗教》，2004年第2期，第47页。

表2 马来西亚华人宗教信仰构成及变动情况（1980—2000年）①

宗教类别	信徒数量(人)			人口占比(%)		
	1980年	1991年	2000年	1980年	1991年	2000年
基督宗教	241 851	357 751	539 556	5.84	7.76	9.50
佛教	2 220 115	3 146 515	4 324 971	53.56	68.30	76.00
儒道传统宗教	1 551 643	919 854	605 571	36.47	19.90	10.60
伊斯兰教	9686	17 117	57 221	0.23	0.37	1.00
印度教	4548	9142	16 714	0.10	0.20	0.30
民间信仰	11 513	4508	7897	0.28	0.10	0.10
其他宗教	12 774	13 436	12 228	0.30	0.30	0.20
无宗教信仰	132 277	125 846	88 896	3.19	2.70	1.60

再如：随着区域现代化进程的不断加速以及西方价值观影响的日益深入，新加坡华人基督宗教在20世纪取得了长足发展。1931年，新加坡基督宗教信徒总数达30 068人，占该国总人口的5.3%。其中，宣称信仰基督宗教的华人却不超过华人总人口的3%；② 1980年，这一比例增至6.3%（95 847人），加上天主教，则占到华人总人口的10.9%，是当时华人的第三大宗教；1990年这一比例又升至14.1%③；2000年的人口普查显示，华人基督信徒占华人总人口的比重已达到16.5%，成为仅次于佛教（53.6%）的华人第二大宗教信仰。④ 然而，

---

① 张禹东：《东南亚华人传统宗教的构成、特性与发展趋势》，载《世界宗教研究》，2005年第1期，第99页。

② Tong Chee Kiong, *Religious Trends and Issues in Singapore*, *Religious Diversity in Singapore*, Singapore: Institute of Southeast Asian Studies, 2008, pp. 32–33.

③ Choong Chee Pang, "Religious Composition of the Chinese in Singapore: Some Comments on the Census 2000", in Leo Suryadinata, ed. *Ethnic Chinese in Singapore and Malaysia*, Singapore: Times Academic Press, 2002, pp. 326–329.

④ 苏瑞福著，薛学了等译：《新加坡人口研究》，厦门：厦门大学出版社，2009年版，第44页。

新加坡华人基督教和天主教的扩张速度并不均衡,相对于华人基督新教的迅猛发展,华人天主教的传播相对缓慢。20世纪70年代以来,15岁以上华人天主教徒占该国基督宗教信徒总数的比重始终保持在5%左右,分别是4.3%(1980年)、4.7%(1990年)、4.8%(2000年)、6.6%(2010年)。20世纪80年代以来,华人天主教徒占华人基督宗教信徒的比重呈现相对下降的趋势,分别是40.5%(1980年)、33.3%(1990年)、29.3%(2000年)、32.9%(2010年)。

第三节 21世纪:现代化与全球化进程中的持续传播

不断深入的经济全球化进程带动了资金、技术、信息、人员等要素的持续跨境流动,基督宗教在东南亚华侨华人群体中的传播由此进入了新的持续发展阶段。美国宾州州立大学历史与宗教学教授菲利普·詹金斯(Philip Jenkins)在其专著《下一个基督王国:基督宗教全球化的到来》中曾经指出:基督宗教正在全面崛起之中,而且是以一种有别于西方社会基督教的风貌快速地扩张。第三世界国家不断地都市化,农村人口流入城市,过去的社会结构解体。离乡背井来到大城市的人会在基督教的信仰中找到相爱的关系、生存的意义和超越的盼望,因而纷纷涌入教会。正是第三世界国家在政治结构、经济发展程度和社会观念等方面的一些新变化,鼓舞了基督教人士传教的信心。① 至21世纪初,东南亚地区已有近16%的人群信仰基督宗教,② 其中新教信徒约占该地区基督徒总数的20.5%,罗马天主教徒约占基督徒总数的79%。

除此之外,伴随着国际移民活动以前所未有的广度和程度不断推

---

① 菲利普·詹金斯著,梁永安译:《下一个基督王国:基督宗教全球化的到来》,台湾:土续出版社,2003年版,第190页。
② 李慧芬:《东南亚华人民间宗教信仰与建设21世纪海上丝绸之路》,载《学术评论》,2016年第2期,第40页。

进，特别是20世纪70年代之后东南亚地区出现的几次向欧美国家的移民热潮，这些活跃的新移民群体又尝试将基督宗教传回自己的祖籍国，其宣传的一些理念逐渐为东南亚各国年轻一代广泛接受。"甚至在新加坡和马来西亚，一些年轻人因接受了西方的现代教育理念和宗教观念，对华侨华人传统的民间信仰意识淡薄，转而信仰基督教或伊斯兰教，加快了基督教和伊斯兰教在东南亚地区的传播速度。……这固然与东南亚各国政府长期实施的政治主张、宗教政策有关，但还与宗教的全球化过程中，东南亚人民对于宗教理念价值的认同有一定的联系。"① 这一时期华人基督宗教已经成为东南亚地区颇具影响力的宗教信仰代表，其中，印尼、新加坡、马来西亚、菲律宾等国是数量规模增长和信众占比提升的绝对主力，与此相伴的则是传统宗教信徒在华人群体当中的显著减少。

例如：如表3所示，基督宗教已经成为新加坡唯一持续显著增长的信仰代表。2010年该国人口普查显示，15岁以上基督宗教信徒占总人口的18.3%，2015年增至总人口的18.8%，其中天主教徒占35.85%，新教徒等其他基督信徒占64.15%。② 具体来看，华人基督徒数量达到47.3万人，占华人总人口的20.1%，占基督教徒总数的83%。③ 2015年又增至20.9%，华人信众达526.2万人（其中新教及其他宗派信徒361.9万人，天主教徒164.3万人）④，华人教会达307间，依旧是仅次于佛教的华人第二大宗教信仰，但华人佛教徒和道教

---

① 郑筱筠：《"一带一路"沿线国家民族宗教热点问题研究》，载《思想战线》，2019年第6期，第10页。
② "Singapore Census of Population 2015: Statistical Release 1: Demographic Characteristics, Education, Language and Religion", http://www.singstat.gov.sg/publications/publications-and-papers/GHS/ghs2015content.
③ 张晶盈：《新加坡华人基督教的发展现状、原因及趋势》，载《世界宗教文化》，2015年第4期，第106页。
④ 同②。

徒等传统宗教信众所占华人总数比重却出现了普遍下降。①

表3 新加坡15岁及以上华人居民的宗教信仰比例（1980—2020年）（单位:%）

宗教类别	1980年	1990年	2000年	2010年	2020年
基督宗教	10.9	14.3	16.5	20.1	21.6
佛教	34.3	39.4	53.6	43.0	40.4
道教/传统信仰	38.2	28.4	10.8	14.4	11.6
其他宗教	0.2	0.3	0.5	0.7	0.3
无宗教信仰	16.4	17.7	18.6	21.8	25.7

资料来源：此表格为作者参照新加坡1980年、1990年、2000年、2010年、2020年国家人口普查数据绘制而成。

印尼是当今东南亚地区人口最多的国家，人口基数优势成为基督宗教信徒可持续增长的先决条件，基督宗教是该国仅次于伊斯兰教的第二大宗教信仰。2010年各类基督宗教信徒达2400万人，占该国总人口的10%（其中新教徒约1653万人，占总人口6.96%；天主教徒约697万人，占总人口2.91%）。② 该国由此成为东南亚地区拥有新教徒最多的国家，已跻身全球前十大新教徒国家，并成为信众总数仅次于菲律宾的东南亚第二大基督宗教国家。作为全球华侨华人人数最多的国家，近20年来印尼华人基督宗教信众扩容迅猛。2000年的调查统计表明，约有35.09%的印尼华人自称为基督宗教信徒，而到2006年，在印尼全国约500万的华人当中，已有超过70%转变为基督宗教信徒，基督宗教尤其得到了各地富裕华人群体的广泛接纳。Roderick Brazier认为，"与佛教或天主教有所不同的是，富有魅力的新教团体巧妙地迎合了华人的社会文化偏好，如积极支持财富积累对于印尼华人

---

① "Singapore Census of Population 2015: Statistical Release 1: Demographic Characteristics, Education, Language and Religion", http://www.singstat.gov.sg/publications/publications-and-papers/GHS/ghs2015content.

② "Sensus Penduduk 2010", https://sensus.bps.go.id/topik/tabular/sp2010/7/84301/0.

而言也具有显著的吸引力,其毕竟提供了一种规避社会动荡的有效缓冲。"① 这一点已被2010年的人口普查统计数据所证实:当年印尼共有华人2 832 510人②,其中有20.04%的华人为基督新教徒,14.76%的华人为天主教徒,华人基督教徒的比重仅次于华人佛教徒(50.06%),而华人穆斯林的比重仅为3.65%③,现有华人教会415间④。值得关注的是,印尼华人年轻一代已成为该国基督信众增长的绝对主力,如表4所示,基于对雅加达地区五所华校新生代华裔民族文化的问卷调查,沈玲的研究发现,分别有多达51.11%和16.57%的华裔青少年信仰基督教和天主教,而在其父辈当中两种信徒的比重则仅有31.46%和10.42%,在其祖辈当中两者的比重进一步降至16.04%和7.47%。⑤ 事实上,因受制于"排华"风潮遗患、宗教文化差异、"中国威胁论"鼓噪等因素,相当一部分华人改教者刻意隐瞒了自身所属的族群和信仰背景,故当前印尼华人基督宗教的实际扩张速度及信众规模或远超预期。

表4 印尼华人家庭宗教信仰比例⑥ (单位:%)

宗教类别	爷爷	父亲	母亲	青少年
佛教	63.30	47.50	38.76	27.47
孔教	12.53	7.29	6.39	2.22

---

① Roderick Brazier,"In Indonesia,the Chinese Go to Church",*The New York Times*,April 27,2006.

② *Kewargnegaraan,Suku Bangsa,Agama,Danbahasa Sehari-Hari,Penduduk Indonesia,Hasil Sensus Pendud uk 2010*,Jakarta:Badan Pusat Statistik,2011,p.9.

③ Aris Ananta,Evi Nurvidya Arifin,M Sairi Hasbullah,Nur Budi Handayani,Agus Pramono,*Demography of Indonesia's Ethnicity*,Singapore:Institute of Southeast Asian Studies,2015,p.273.

④ 华福中心研究及发展部:《海外华人人口与华人教会统计》,载《今日华人教会》,2011年2月。

⑤ 沈玲:《印尼华人家庭宗教信仰现状分析——基于对雅加达500余名华裔青少年的调查》,载《华侨大学学报》(哲学社会科学版),2017年第5期,第101页。

⑥ 同⑤。

续表

宗教类别	爷爷	父亲	母亲	青少年
基督教	16.04	31.46	37.32	51.11
伊斯兰教	0.66	2.71	2.89	1.62
道教	0.00	0.63	0.41	1.01
天主教	7.47	10.42	14.23	16.57

作为整个亚洲仅有的两个天主教国家之一和世界第三大天主教国家，天主教对于菲律宾政治和社会的影响根深蒂固。2015 年该国基督信众比例高达92%，其中天主教徒约占80.58%，新教（长老会、卫理公会、浸信会、圣公会）等其他宗派约占10.8%。① 菲律宾华人学者洪玉华曾经选取样本进行调查研究，在510 名华族受访者中有66.67%为天主教徒，11.54%是新教徒。根据2010 年的人口普查，菲律宾基督教与独立教会人数合计约为9 317 618 人，按照0.5%计算得出华人基督徒约为46 588 人。②

马来西亚马华宗教局主任2004 年年底发表的相关报告指出，中国传统宗教已很难吸引年轻一代的当地华人，马来西亚约10%的华人群体自称信仰基督教。③ 据统计，2010 年马来西亚基督信徒约占该国总人口的9.2%，达到261.7 万人。按派别划分，天主教徒约占41.3%，新教徒约占35.5%，其余为东正教等派别。④ 根据中国学者王光海的

---

① *Household Population by Religious Affiliation and by Sex 2010*, *2015 Philippine Statistical Yearbook*, Philippines: Philippine Statistics Authority, 2015, pp. 1-30.
② 同①。
③ 《东南亚华侨两千万 如何透过他们推动回宣？》，http://www.cccowe.org/content.php?id=others_research_seasiachinese。
④ "2010 Population and Housing Census of Malaysia (in Malay and English)", https://www.dosm.gov.my/v1/index.php?r=column/cthemeByCat&cat=117&bul_id=MDMxdHZjwTk1sjFzTzNkRXYzcVZjdz09&menu_id=L0pheu43NWJwRWVSZklWdzQ4TlhUUT09.

研究，2008年前后马来西亚华人群体中的基督徒已占到7.8%左右。① 而参照2010年的统计数据，华人基督徒约70.6万人（706 479人），占基督徒总数的26.9%及华人总人口的11%。② 该国现有华人教会1200间，仅次于美国华人教会数量（1214间）③。按地域划分，有约三分之二的华人基督徒均分布在马来西亚的沙巴和砂拉越等东部地区，今日砂拉越华人社会的基督徒比例高达34.8%，单是华人卫理公会（美以美会），信徒就有近7万人。④

根据美国国务院发布的相关数据，越南天主教徒占到越南总人口的10%，新教徒占5%。据越南基督教总联会2005年的相关统计，越南拥有基督徒约46万人，教会900多个，过去十年间基督徒人数增长率达到600%，基督新教由此成为越南发展速度最快的宗教信仰。全国华人基督徒约为3000人⑤，现有华人教会9个。

泰国人口普查目前没有关于华人基督徒和天主徒的相关数据，根据华侨大学张钟鑫的研究，2010年泰国的华人基督徒人数应在20 000人以上。⑥

2006年统计数据显示，缅甸基督徒占到该国人口（5750万）的约5%。⑦ 2014年的统计数据显示，这一比重已增长至6.2%，基督宗教

---

① 王光海：《马来西亚华人宗教信仰考察》，载《河南工业大学学报》（社会科学版），2008年第1期，第51页。

② "2010 Population and Housing Census of Malaysia (in Malay and English)", https://www. dosm. gov. my/v1/index. php? r = column/cthemeByCat&cat = 117&bul_id = MDMxdHZjwTk1sjFzTzNkRXYzcVZjdz09&menu_id = L0pheu43NWJwRWVSZklWdzQ4TlhUUT09.

③ 华福中心研究及发展部：《海外华人人口与华人教会统计》，载《今日华人教会》，2011年2月。

④ 朱峰：《基督教与东南亚华人社会的建立——以"新福州"、"兴化芭"为例》，载《基督宗教研究》，2003年第1期，第277页。

⑤ 张钟鑫：《当代东南亚华人基督徒数量的估算与评析——兼统计东南亚、世界基督徒与东南亚华人数量》，载《世界宗教研究》，2018年第1期，第160页。

⑥ 同②。

⑦ 孙浩然：《缅甸边境基督教发展及其对云南跨境民族的影响——基于历史、现实与理论的思考》，载郑筱筠主编：《东南亚宗教与社会发展研究》，北京：中国社会科学出版社，2013年版，第375页。

已成为仅次于佛教的第二大宗教，① 其中新教徒数量占到基督徒总数的约五分之四。根据 2006 年缅甸基督教传道人训练中心（Myanmar Christian Preachers Training Center）创办人童铭惠牧师的统计，在缅甸 250 余万华人当中，华人基督徒仅有约 1 万人。② 缅甸的华人教会集中在中部，华人信徒比例在 1% 左右。③

另据"约书亚事工"统计，目前文莱的华人基督徒为 6319 人，其中福音派信徒人数为 5041 人，约占基督徒总数的 80%。④ 目前老挝华人当中有 8% 为基督徒，达 23 923 人；5% 为福音派信徒，达 14 952 人。⑤ 目前柬埔寨的华人基督徒和福音派信徒人数分别为 2984 人和 909 人。

总之，"宗教人口数量作为宗教力的一个支撑基数，其变化对'宗教力'磁场的稳定有所影响。与此同时，这也增加了宗教引发的国家政治经济社会的不确定性。"⑥ 无论从华人基督徒数量的绝对增长来统计，还是从华人基督徒占某国华人总数或基督徒总数的比重来测算，当代东南亚华人基督宗教均呈现出持续发展的态势。就国别而言，印尼、新加坡、马来西亚、文莱成为东南亚华人基督徒增速较快的国家，而菲律宾则成为华人天主教徒增速最快的国家。相比之下，泰国、缅甸、越南、老挝、柬埔寨等国的华人基督宗教仍然具有较大的发展空间。

---

① "Burma. CIA World Factbook", https://www.cia.gov/library/publications/the-world-factbook/geos/bm.html.
② "Myanmar Christain Preachers Training Center", https://mcptc.org/.
③ 李舍坷：《缅甸新法加大限制基督徒信仰自由亟需代祷》, https://www.gospeltimes.cn/index.php/portal/article/index/id/10460?btwaf=49211380。
④ 参见"约书亚事工"官网, https://joshuaproject.net/countries/BX。
⑤ 参见"约书亚事工"官网, https://joshuaproject.net/countries/LA。
⑥ 郑筱筠：《"一带一路"沿线国家民族宗教热点问题研究》, 载《思想战线》, 2019 年第 6 期, 第 10 页。

第三章 东南亚华人基督宗教社团的多元演化与发展现状

"在社会组织学看来,任何社会个体都生活在某种社会组织之中。其中,利益集团、社区组织、宗教组织、族裔团体,以及各种社会志愿团体等各种各样的非政府组织更显示了作为公众社会组织的存在形态。"① 作为传统海外华侨华人社会的三大支柱之一,华侨华人社团已经成为维系海外华人社团的核心组织形态,也是我们考察华侨华人社会演化变迁的关键参照,以及联络海外华侨华人群体的重要非官方渠道。"一般来说,华人社团是以华人为主要成员构成,以地缘、血缘、业缘、经济利益、政治目的、慈善意图、兴趣爱好、宗教信仰、学术教育等为纽带而自愿组成的民间组织机构。新型华人社团是相对于传统华人社团而言的,是大致1970年以后以上述某一特定因素为纽带成立的社会组织。"② 作为新型华人社团的典型代表,"海外华人基督宗教社团"是指海外华人在其居住地以基督宗教教规教义为纽带建立的、拥有一定社会动员和跨国参与能力的、具备一定自治功能的非营利性合法团体。

---

① 刘贞晔:《非政府组织及其非传统外交效应》,载《国际观察》,2012年第5期,第16页。
② 高伟浓、寇海洋:《试析海外新型华人社团在中国公共外交中的文化中介功能》,载刘泽彭主编:《"国家软实力及华侨华人的作用"国际学术会议论文集》,广州:暨南大学出版社,2013年版,第140—141页。

第一节　东南亚华人基督宗教社团的主要类型

一、按所属宗派划分

与本文论及的"基督宗教"相对应，东南亚华人基督宗教社团具体也可划分为罗马天主教、基督新教、东正教三种主要类型，其中又以天主教和新教为重点考察类型。具体来看，华人基督新教社团具体涵盖卫理公会、浸礼会、长老会、信义会、路德会等宗派，东正教社团则包括雅格叙利亚正教会、科普特正教会、基督复活正教会等宗派。受此影响，许多东南亚华人基督宗教社团下属的众多教会机构常常冠以自身宗派"标签"，如"……华人卫理公会""……华人浸信会""……华人长老会"等，一些规模较小的教会组织则常在名称中突出自身场所位置和文化传统，如"……榕南堂""……杜当堂""……新尧湾堂""实比遥堂"等，以及"……福音堂""……真理堂""……怀恩堂""……民安堂"等。尽管基督宗教组织的正式成员与非正式成员之间往往具有较为严格的区别，但由于受到传统信仰文化和社会心理等因素影响，华人基督信徒对于不同教派之间的纷争并不十分在意，更很少存在"正统信众"与"异教徒"之类的观念差异。

二、按活动用语划分

东南亚华人基督宗教社团日常活动使用的主要语言包括英语、东南亚方言、大陆方言等类型，参与者往往灵活运用多种用语进行日常交际，使用单一语言开展活动的情况较少。首先，顺畅的英语交流环境为基督宗教在东南亚（尤其是华人年轻一代当中）的传播提供了语言沟通上的便利。例如：在以英语为家庭语言的新加坡华人当中，有多达45.1%信徒为基督教徒；而在使用华语方言或普通话的新加坡华人家庭当中，基督教徒比例则相对较低①。

其次，伴随着第一代华人移民逐渐退出历史舞台，以及第二代乃至第三代华裔青少年的成长，这一海外华人移民宗教群体与中国原乡、东南亚主流社会及宗教的关系均将改变，从而形成以东南亚当地语言为交流语言的民族宗教群体，特别是马来西亚的"峇峇"（Baba，男）和"娘惹"（Nyonya，女）、菲律宾的密斯提佐（Mestizos，男）和密斯提萨（Mestizas，女）、泰国的"洛真"（Luk‐chin）、越南的"明乡"（Minh‐huong）、缅甸的"桂家"（Gwe Chia）、荷属东印度的"伯拉纳干"（Peranakans）等东南亚土生混血混语华人群体。例如：每年雅加达基督教堂和天主教堂举行的圣诞庆典活动，一般均要按照印尼语组及华语组等分别举行。

再次，由于东南亚华侨华人的主要移出地多位于中国粤、闽、桂、琼等省，以及港、澳、台等其他地区，因此华人基督宗教社团对于中国方言的运用也涵盖了闽南话、潮州话、客家话、广州话、福州话、琼州话、兴化话等多种类型。如新加坡圣公会早在1929年便设立了福州语、福建语和广东语三种方言崇拜方式，尽管闽南语和粤语属于中国东南沿海的地方性语言，但却得以将抽象虚幻的宗教世界与较易感知的日常生活联系起来，其背后蕴涵的文化价值和亲情效力在增强海外华人群体凝聚力方面具有显著的交往渠道功能，从而在无形之中强化了普通信众对于基督教规教义和信仰文化的认同。20世纪七八十年代以来，来自中国的新一代移民激增，这进一步强化了普通话在华人教会当中的地位，在绝大多数国语礼拜堂，教会宣传材料和牧师传教内容均以中文为媒介，如缅甸基督教卫理公会国语教会（Kuo Yu Church）、马来西亚基督教卫理公会诗巫北教区卫斯理华语堂（Wesley Methodist Chinese Church）等。中国方言和普通话的使用显然有助于团结凝聚同乡教友积极参与社团活动，但也对非该方言华人的沟通形成

---

① 袁丁:《持续和变迁——人口统计中反映的新加坡华人宗教信仰的变化》，载《世界宗教》，2000年第3期，第49页。

了一定程度的障碍,此外由于不同年龄段的信徒采用不同语种进行教会崇拜仪式,而不同语言的崇拜形式分别代表了不同文化的精神,这间接影响了教会信徒的思维方式,导致教会内部年长一辈与年轻一辈在处事方法、观念、情感表达与沟通方式上不协调,在教会事务的处理上也引起一些冲突和摩擦。①

三、按传播途径划分

东南亚华人基督宗教社团的成长背景源自西方教会、移民教会、家庭教会、学校教会、电子教会等多种类型。除了前章所述西方教会、移民教会和家庭教会对于近代东南亚华人基督宗教发展的影响,学校教会和电子教会等传播新媒介对于现当代华人基督宗教社团的形塑也不容忽视。例如:新加坡大学生父母多出身英校,很多大学生都说他们"中学时代就成为了基督教徒";此外,由于校内的基督教小组和同班的基督教徒同学的劝邀、教会内多种多样的小组活动,以及以英语和汉语等多种语言举行的弥撒,基督教易亲近、易接受的特点吸引越来越多的年轻人。② 由此可见,与华人传统宗教相比,基督宗教在瞬息多变的世俗社会面前表现出了更加迅速和灵活的应变能力,"在宣扬教义上比较积极和激进,形式活泼多样,入教手续简易,组织较为严密"③。恩佐·佩斯(Enzo Pace)将宗教视为由不同传播手段构成的系统,而一种宗教之所以能够为更多人接受,便在于其能够支配所处环境中的多样性和不可预知性;宗教传播同时在个体和群体层面发生作用,通过两个层次的互动,宗教最终将获得群体承认并成为其共同语

---

① 朱峰:《当代东南亚华人基督教浅析》,载《世界宗教文化》,2011年第1期,第60页。
② 张晶盈:《新加坡华人基督教的发展现状、原因及趋势》,载《世界宗教文化》,2015年第4期,第104—110页。
③ 张禹东、刘素民:《宗教与社会——华侨华人宗教、民间信仰与区域宗教文化》,北京:社会科学文献出版社,2008年版,第44页。

言。① 由此可见，理性人假设比较容易忽视海外华人群体选择某种宗教信仰过程中的非个体理性因素，特别是文化习惯、家庭环境、成长经历、教育背景等等。

第二节 东南亚华人基督宗教社团的复合属性

与传统社会团体和海外华人社团相比，海外华人宗教社团不仅具备社会性、志愿性、组织性、自治性、合法性等一般属性，而且凸显了族裔性、信仰性、精英性、公共性、跨国性等特别属性。

一、华人族裔性

事实上，海外族裔对于所在国的政治认同与针对祖籍国的文化认同完全可以并行不悖，东南亚华人基督宗教社团亦完全有望成为"文化中国"的认同者和塑造者。近年来，海外族裔社区愈加成为离散群体的社会组织中心，以"华人性"或华人文化为纽带的海外华人社团更是发展迅速，日渐兴盛，"一方面反映了当前华人移民来自中国五湖四海的地方特征，希望借华人共有的种族和文化背景团结起来，维护和提高在移居国的权益和地位，另一方面则显示了在全球化时代的背景下，涵盖力广的中华文化比局限性的地缘、血缘纽带在号召力和凝聚力方面更占优势，正在逐渐成为一条凝聚海外华人移民的新型纽带和力量。"②

首先，老一代华侨华人、新华侨华人和华裔新生代等在此类社团当中扮演了建立者、领导者或参与者的角色。就东南亚华人基督宗教社团成长的情况来看，新加坡，菲律宾马尼拉市的岷仑洛，马来西亚

---

① E. Pace, "Religion as Communication", *International Review of Sociology*, Vol. 21, No. 1, 2011, pp. 205–229.

② 任娜：《海外华人社团的发展现状与趋势》，载《东南亚研究》，2014 年第 2 期，第 98 页。

的砂拉越、沙巴,印尼的苏拉威西、马鲁古等华人聚集区成为基督宗教传播的重点指向,菲律宾华侨圣公会、新加坡圣公会、印尼华人基督教联会、马来西亚卫理公会华人年议会等代表性社团的信仰领袖也多由华人精英担任,例如,新加坡首位出身于华文教会的主教周贤正博士曾出任新加坡圣公会东南亚教省大主教,马来西亚年仅34岁的华裔基督徒杨巧双于2013年创纪录地成功当选雪兰莪州议会首位女议长,印尼华裔基督徒钟万学也于2014年11月历史性地就任印尼雅加达省(雅京省)首位华裔省长。其次,作为基督宗教信仰在东南亚衍生出来的一种亚文化(Sub-Culture)派系,东南亚华人基督宗教在传播变迁过程中尽管充分汲取了西方宗教和当地宗教的相关成分,但中华传统宗教文化的实用性、兼容性、调适性等基本特征仍然顽强地得以存续。例如:新加坡圣公会并不是与英国圣公会完全保持一致,而是经常与亚洲、非洲的圣公会团结起来,组成环南大会,在许多问题的处理和观点上与英国圣公会相抗衡,尽可能地摆脱前殖民主义的控制和影响。这种宗教本地化的意识,有助于消除区域内的隔阂,形成"亚洲意识"或"东盟意识"的凝聚力,形成抵抗殖民主义、霸权主义的精神力量。① 例如:尽管菲律宾本土教会往往与北美等地区的基督教组织保持着密切联系,但华人基督教会却倾向于选择加入世界华福中心(Chinese Congress on World Evangelization)② 等本土化组织,并与亚洲地区以华人为主导的基督宗教组织结成了联盟。因此,"文化认同的'二元性'乃至'多元性'和'非排他性'的属性则为我们建构华人的中华文化认同提供了充足的伦理与法律空间,华人本身在种族与

---

① 刘金光:《东南亚宗教的特点及其在中国对外交流中的作用——兼谈东南亚华人宗教的特点》,载《华侨华人历史研究》,2014年第1期,第30页。
② "世界华福中心"是"世界华人福音事工联络中心"(Chinese Coordination Center of World Evangelism)的简称,成立于1976年,是世界华人教会中具有代表性的联络机构,总部设在香港,并在东南亚、北美、南美、澳大利亚及欧洲设立许多分部。通过定期举办国际华福会议,出版华人福音书籍和音像资料,该机构积极倡导"华人教会、天下一心、广传福音、直到主临",并致力于华人教会兴建、事工牧养、门徒训练和弘传福音等事业,以期促进全球华人教会的沟通、联系与合作。

血统上的渊源则成为其建构中华文化认同的重要基石和情感渊源。"①

二、宗教信仰性

作为宗教的基本要素之一，宗教组织是实现宗教使命的必要路径、进行宗教实践的关键载体、聚合宗教信众的重要媒介，"尤其适合于加速动员"②，在全球化的背景下，以某种宗教、精神或信仰为基础的非政府组织不断发展，并且在国际事务中发挥了越来越大的影响力。就此而言，东南亚华人基督宗教社团属于一种宗教非政府组织（Religious Non-Governmental Organizations，RNGOs），亦称"基于信仰的组织"（Faith-Based Organizations，FBOs），"是指那些声称或实际表明其身份和责任是基于在一种或多种宗教或信仰传统，目的是推动国内外的福利事业，且不直接以传教为目的的非政府、非营利和志愿性组织。"③ 海外华人移民初到他国，不仅带去了生产生活等赖以生存与繁衍生息的物质必需品，而且带去了宗教信仰等情感沟通和认同凝聚的精神必需品。"华人移民在迁移之前与到达东南亚各地（国）之后，都是靠同乡、同姓、同方言群、同宗教社团、同职业社团，甚至同秘密会党的互相扶持的力量，守望相助，疾病与困难时相扶持，以在物质上与精神上在新侨居地逐渐站稳脚跟，并逐渐借以安身立命。"④ 其中，神缘是以共同的宗教信仰为纽带而形成的人际关系网络，与亲缘、地缘、血缘、业缘等海外华侨华人的关联维度相比，神缘可能是一个最为坚韧的精神纽带和最为核心的组织灵魂。相关研究表明，以血缘和亲缘为基础的侨乡情会随代际传递而明显淡化，但以信仰或民俗为

---

① 朱东芹、胡越云、孙达：《多元视角下的海外华侨华人社会发展》，北京：社会科学文献出版社，2018年版，第130页。
② Jonathan Fox and Shmuel Sandler, *Bringing Religion into International Relations*, New York: Palgrave MacMillan, 2004, p.49.
③ 徐以骅、秦倩、范丽珠：《宗教与美国社会：宗教非政府组织》（第五辑），北京：时事出版社，2008年版，第21页。
④ 李恩涵：《东南亚华人史》，北京：东方出版社，2015年版，第18—19页。

基础的跨国网络却在一定程度上是极其坚固的。① 这有助于整合出生地域、方言习俗、教育背景、职业阶层乃至政治立场等固有差异，协调海外华侨华人社会的多元利益诉求。与此相应，"神缘性华侨华人社团出现最早，其历史也最为传奇，其具有的广泛群众基础使得它在华侨华人社会中拥有更大更广泛的影响力"②，同时展现出较高的亲和力、公信力、号召力和凝聚力。

以传教为核心的信仰传播活动构成了基督宗教持续发展的核心议程，基督教会和天主教会也由此被称为"世界上第一个以传播为职志的团体"③。"早期的华人一般供奉中国民间信仰的神祇。但今天的华人所供奉的神祇已经扩大到其他宗教特别是基督教、天主教神祇。"④ 共同神祇的供奉逐渐成为海外华侨华人定期祭祀和频繁聚会的场所，为了适应生存和发展全新环境的需要，这些宗教场所又逐渐成为华侨华人日常议事、调解纠纷、兴办公益之地，其社会交往与灵性互动的定期性与制度性等特征预示着神缘性华侨华人社团的初步形成。尤其是20世纪80年代以来，海外华人的原有地缘认同与血缘认同已经逐渐转化为对于居住国的政治认同、社会认同和文化认同，神缘社团的血缘和地缘等传统属性遭到一定削弱，宗教性则在文化认同危机等因素的冲击下得以进一步彰显。与华人传统宗教组织的世俗化、实用型、功利性等显著倾向相比，基督宗教组织在维护宗教纯洁方面的表现较为突出，其功能亦含有较多的精神追求成分。⑤

---

① 石沧金：《跨国网络中的何氏九仙信仰与琼瑶教》，载《世界宗教研究》，2015年第2期，第99—108页。
② 赵红英、宁一：《五缘性华侨华人社团研究》，上海：同济大学出版社，2013年版，第39页。
③ 林瑞琪：《早期基督宗教传播特性分析：与恩格斯对谈》，载《国际新闻界》，2011年第9期，第26—32页。
④ 高伟浓：《清代华侨在东南亚：跨国迁移、经济开发、社团沿衍与文化传承新探》，广州：暨南大学出版社，2014年版，第8页。
⑤ 陈衍德：《现代中的传统——菲律宾华人社会研究》，厦门：厦门大学出版社，1998年版，第245页。

三、构成精英性

总体而言,20世纪后期跨国移居东南亚等地的"华人新移民"本身便具有年轻化、受教育水平高、经济实力强、女性移民多等全新特征,① 在此背景下,东南亚华人基督宗教信徒呈现出年龄层次低、教育背景佳、经济地位高、参政意识强、在地化程度深、公共意识责任强、跨文化交际能力强等一系列典型的精英化特征。例如:虽然华人在除新加坡以外的东南亚国家人口结构当中均处于少数地位,但却在国家资本和财富积累过程中扮演着关键角色。② 与此同时,教育精英化特征在华人族群占主导的新加坡亦体现得十分明显,2015年新加坡基督徒当中拥有大学教育背景的群体达到30%,而该比例在佛教徒和道教徒当中则仅分别为24.7%和6%。③ 不仅如此,根据2016年皮尤中心一项关于"世界宗教和国际教育关联性"的统计调查,新加坡基督教徒接受的高等教育程度在所有以基督教为主流信仰的国家当中名列前茅,获得大学学位的信众比例高达67%。④ 他们普遍学贯中西,具有多重文化背景,既深谙中华文化和民间习俗,又了解住在国的社会传统和思维模式。在菲律宾,中菲混血群体当中的不少基督信徒均成长为广受爱戴的政治领袖,如有"菲律宾国父"之誉的何塞·黎刹(Jose Rizal)、积极支持菲律宾革命的罗曼·王彬(Roman Ongpin)、菲律宾共和国第一任总统埃米略·阿奎那多(Emilio Aquinaldo)等等。东南

---

① 陈传仁:《海外华人的力量:移民的历史和现状》,北京:世界知识出版社,2007年版,第311—312页。

② Rupert Hodder, "The Study of the Overseas Chinese in Southeast Asia: Some Comments on Its Political Meanings with Particular Reference to the Philippines", *Philippine Studies*, Vol. 53, No. 1, 2005, p. 8.

③ *Singapore Census of Population* 2015, *Statistical Release 1: Demographic Characteristics, Education, Language and Religion*. Singapore: Department of Statistics, Ministry of Trade and Industry, Republic of Singapore. January 2011. Table 4.2. p. 27.

④ Pew Research Center, "Religion and Education Around the World", http://assets.pewresearch.org/wp-content/uploads/sites/11/2016/12/21094148/Religion-Edncation-ONLINE-FINAL.pdf.

亚华人基督宗教社团的精英化特征在一定程度上影响着一些国家的主流意识形态和基层社会心态，也有助于我们依托其社会导向性，有的放矢地开展侨务和宗教人文交流工作。

四、使命公共性

凭借动员灵活、业务专业、贴近公众、易于沟通等方面的公共优势，区域-侨务-宗教非政府组织已成为促进国际交流、参与人文交流的必要力量。

当今东南亚华人基督宗教社团的自主性和自立性一般较强，虽然会借助和依托政府和企业的某些资源，但其不依附于产、官、学等各界，本质上也不具有营利性。此类社团与西方教会只有信仰联络而无组织从属关系，大多坚持"自治、自传、自养"的组织形式和管理模式，这一点与天后宫和妈祖庙等华人民间信仰机构隶属于当地会馆的情况形成了鲜明对比。例如：印尼华人基督教联合会（PGTI）明确提出自身发展必须遵循的"三不原则"，即"不参与政治活动，实施政教分离路线；不干涉各宗派教会或差会内部的行政组织；不在任何地区或国家建立教会或福音基地"。① 此外，海外族裔本身就是"一个集人力资源、资本资源、文化资源、政治资源、科技资源、信息及网络资源类型于一体的资源系统"②。海外华人社团在创建初期往往具备团结互助等传统属性，其拥有广泛的社会功能并能够容纳广泛的社会阶层，宗教信仰仅仅作为其联结纽带而非其全部内涵，故此类社团常以当地社会一个有机组成部分的形态出现。有学者便将"侨务资源"定义为华侨、华人、归侨、侨眷中的资本、科技、人才、信息、知识、网络等综合资源储备。③ 在基督宗教博爱观和中华传统义利观的双重影

---

① 印尼华人基督教联合会,https://pgti.co.id/page/13/-visionmission。
② 张学惠、江作栋：《华侨华人在中外关系中的作用载体研究》，载《八桂侨刊》，1997年第2期，第18—22页。
③ 石汉荣：《探解中国侨务》，香港：中国评论学术出版社，2004年版，第50页。

响下，东南亚华人基督宗教社团逐步延伸出社会慈善、经济合作、政治凝聚、文化交流等多重公共属性，并依托附设学校、医院、福利院、报刊社等机构源源不断地回馈当地，这也是此类神缘性华侨华人社团积极融入区域社会的务实之举。例如：在新的历史条件下，东南亚华人基督宗教社团的公共使命、资源配置与运作模式正由互益性朝向公益性转变，相关参与主体更多、实际动员效率更高、涉足志愿领域更广、介入互助程度更深。正如马来西亚华人学者、原马来西亚中华大会堂副总执行秘书刘崇汉所言，所有华团在本质上都是利益团体，以服务会员与维护公众利益为宗旨。开放与民主机制、科学的研究与调查、维护正义与人民利益的立场都是广义的利益团体之'公共性格'或核心价值。华团公共性格之体现是全球朝向市民社会迈进的必然结果。公共性格的发扬有助于民间与政府之互动，思想之翻新和社会之进步。①

五、跨国互动性

东南亚华侨华人是海外华人移民乃至世界移民浪潮当中的重要一支，也是国际移民学研究必须把握的一个基本方面。移民的跨境活动不仅限于从移出国向目标国的单向偶发行为，而且包括出入于移出国和目标国之间的双向行为，或者频繁在多个目标国之间穿梭的"宇航员现象"。"这些人中有相当一部分具备了'可携带技能'，具有在全球范围内移动的可能性，当代华人移居模式可以是 A（祖籍国）→B（移居国）→C（移居国）→D（移居国）→A（祖籍国）这样一种不断变化的过程。"② 学界很早便对所谓"跨国主义"（Transnationalism）及其与国际移民议程的内在联系进行过专项研究，其一般是指国际移民与祖籍国之间的社会关系和跨国行动，即"移民在祖籍国与移居（接收）国

---

① 石沧金：《马来西亚华人社团研究》，广州：暨南大学出版社，2013年版，第1页。
② 曾少聪、曹善玉：《华人移民研究》，载《东南亚研究》，2005年第6期，第64页。

之间所建立并维系多层社会关系的动态过程"①。这一概念尤其指代个体或组织行动者之间规律性的、经常性的、正式的、多元的跨国参与，即在经济、政治或社会文化等方面具有显著意义的跨境活动，②特别是移民跨越民族国家边界的相互联系及内外影响。现代互联网的普及、通信工具的发展、交通设施的完备、通勤技术的进步等，在客观上为海外华侨华人社团进行跨区域结社创造了有利的条件。2006年9月14—15日，联合国在纽约举行首届"国际移民与发展高层对话会议"，并首次正式提出"各国政府可以合作营造移民自身、移民原居国、移民接纳国三方共赢的局面"这一重要目标。③"总而言之，我们从比较的视野研究国际移民离散社会与民族国家（祖籍国与移居国）的互动，丰富了现有的跨国主义理论与实证研究。比较分析一般具有主题导向（比如两个或多个族裔离散社会在不同移居国与祖籍国的外交关系上所扮演的角色的差异）或者地理空间导向（比如某个族裔群体在两个或多个地缘政治区域中的不同经历）等等，这些多元比较方法有助于我们发现跨国主义的变动模式、过程、带来的后果，以及隐藏其背后的复杂的因素。"④

伴随着改革开放后中国经济社会的持续转型，尤其是中国侨务和宗教政策的发展变化，以及东盟国家移民管制政策的灵活调整，东南亚华侨华人族裔社会网络与中国移民原乡等地的互动关系得以重启并渐趋活跃，双方在跨国社会领域当中的关系互动日益呈现出合作共赢

---

① Linda Green Basch, Nina Glick‑Schiller and Cristina Szanton Blanc, *Nations Unbound: Transnational Projects, Postcolonial Predicaments and Deteritorialized Nation States*, Langhorne, PA: Gordon and Breach, 1994, p. 8.
② Alejandro Portes, "Paradoxes of the Informal Economy: The Social Basis of Unregulated Entrepreneurship", in Neil J. Smelser and Richard Swedberg, eds. *Handbook of Economic Sociology*, Princeton: Princeton University Press, 1994, pp. 426–449.
③ Kofi Annan, "Address of Mr. Kofi Annan, Secretary‑General, to the High‑Level Dialogue of the United Nations General Assembly on International Migrational and Development", *International Migration Review*, Vol. 40, No. 4, 2006, p. 963.
④ 周敏、刘宏：《海外华人跨国主义实践的模式及其差异——基于美国与新加坡的比较分析》，载《华侨华人历史研究》，2013年第1期，第16页。

的局面。作为一种特殊的海外华人社团和新型的宗教非政府组织，东南亚华人基督宗教社团不再固守于一国内部的华侨华人宗教事务，而是积极通过"内联外引"来回应本土化、区域化与全球化不断深入的发展态势。例如：印尼华人基督教联会（PGTI）便将自身使命定位于"同心合一，广传福音，一齐增长，彰显主爱"，终极理想则聚焦在"根植椰城，延伸全国，立足印尼，胸怀世界"。与前文所述的局部、偶发、单向的跨国行为实践相比，此类社团近30年来的跨境互动进程呈现出覆盖面广、辐射性强、持续性长等特征和趋势：首先，由东南亚华人基督宗教社团主办或承办的人文交流活动召开频率高且参与成员多，中国国内半官方或非官方的宗教和侨务组织通过出席、致贺等方式积极予以支持；其次，一些区域-侨务-宗教人文交流活动在跨境互动的基础上，建立了常设性的协调机构、定期性的联谊机制、开放性的成员资格、辐射性的互动议程，从基于宗乡关系的联谊互助到推动跨国网络的制度化；再次，基于共同的文化渊源和族群特性推动华人社团之间的交流与合作，跨境互动涉及次区域间（如中国侨乡、港澳台）、国家间（如祖籍国与住在国）、区域间（中国与东盟）乃至全球等多个层级，从而谋求在更大舞台之上发挥群体效应。正如刘宏教授所言："最近20多年来，海外华人社团发生了两个似乎矛盾的新变化。一方面，许多国家华人社团的内部作用逐渐降低，并日益分散化；另一方面，社团的国际性整合与环球化的趋势方兴未艾，成为主导当代海外华人社会发展的一个重要潮流。"[①] 华侨华人的跨国界行为突破了传统国际关系对国际行为体的界定，其信仰网络的广泛联结与多重参与有助于华人神缘社团扩大自身权威的辐射面，其多重属性更加成为针对传统"国家-政府"中心模式的有益补充，并对东南亚各国的交流融合及中国与东盟的合作互动产生积极意义。

[①] 刘宏：《海外华人社团的国际化：动力作用前景》，载《华人华侨历史研究》，1998年第1期，第48页。

第三节　东南亚华人基督宗教社团发展概况与案例分析

通过前一章节的相关研究，我们不难发现：东南亚已经成为近现代华人基督宗教传播的核心地区，其中，印度尼西亚、马来西亚、新加坡等国华人基督信徒的发展尤为迅速，华人基督宗教社团的数量、规模和功能等日益呈现出多样化的演进态势。

一、印度尼西亚

根据印尼统计局2010年发布的数据，该国约有283.25万名居民自称为华人，虽然仅约为总人口的1.2%，但仍然占到东南亚地区华人总数的35%。印尼华人及华人社团主要分布在雅加达、泗水、棉兰、北干巴鲁、三宝珑、坤甸（庞提纳克）、锡江（马卡萨）、巨港、万隆及邦加槟港等地。具体来看，当今印尼主要的华人基督教社团包括：印尼华人基督教联合会、印尼基督教会下属华语堂会、印尼基督教卫理公会下属华语堂会、印尼基督耶稣教会下属华语堂会、印尼福音教会下属华语堂会、印尼主基督教会下属华语堂会。此外，还包括天主教各主要教区及华人信众，如在印尼雅加达总教区，华人教友就占据了当地教友人数的三分之一。①"华人社团开展的活动为华人争取了一些正当权益，加强了各族人民的了解，消弭了一些误解和偏见，减少了民族隔阂，有助于加强民族团结和友谊。原来日趋式微的华人文化正在复苏。华人的联系和团结得到了加强。印尼华人社团同临近各国社团的联系也日益密切。"②

以印尼华人基督教联合会为例。印尼华人基督教联合会，简称

---

① 《华式葬礼手册在印尼面世》，https://www.xinde.org/show/1298。
② 黄昆章：《印尼华人社团在复苏中发展》，载《人民日报》（海外版），2003年1月2日，第5版。

"印华基联"①：前身为1998年8月29日由"世界华福雅加达区委会""雅加达华语教会联谊会""印尼迈向两千年福音运动""印尼福音文字中心""印尼圣乐中心"等机构合并而成的"印尼华人基督教会服务中心"，2007年9月4日正式更名为"印尼华人基督教联合会"（Communion of Chinese Churches in Indonesia，COCCI）。该社团以"同心合一，广传福音，一齐增长，彰显主爱"为自身使命，致力于在印尼国内外传播福音使命、强化彼此整合、弘扬中华文化、彰显社会关怀等，其下囊括了印尼全国各地500余个华人基督教会等机构，现已发展成为印尼全国九大基督教组织之一。② 出版《福音快报》等刊物，现任总主席为叶舜如。

二、马来西亚

2018年，马来西亚华人总数已达669万，占总人口的23%，是该国仅次于马来人的第二大族群。马来西亚是世界范围内华人社团注册数量最多、构建历史悠久、涵盖领域广泛、组织运作完善的国家。截至2010年8月3日，在马来西亚社团注册局注册的华人社团共有10 230个，其中宗教团体多达5194个，非宗教华人社团共5036个。③ 其中，华人基督教社团的典型代表包括：马来西亚基督教卫理公会华人年议会、马来西亚基督教卫理公会砂拉越华人年议会、马来西亚基督教青年协会等等。此外，还包括各天主教教区及华人信众，如槟城教区华语教务协进会。

马来西亚基督教卫理公会华人年议会（Chinese Annual Conference, The Methodist Church in Malaysia）：现任会督为王怀德牧师（博士），会长为郭汉成牧师（博士）。覆盖北部、中部、南部、东部、近打、曼融等十余个教区，下设布道部、基督教教育部、资讯与出版部、基督徒

---

① 印尼华人基督教联合会，https://pgti.co.id/page/12/-history。
② 印尼华人基督教联合会，https://pgti.co.id/page/13/-visionmission。
③ 石沧金：《马来西亚华人社团研究》，广州：暨南大学出版社，2013年版，序二，第1页。

社会关怀部、会友事工部、青年事工部、历史文献部等主要部门，以及妇女会、乐龄团契、成年团契、青年团契、卫理儿童之家、残障关怀事工等核心机构。① 每年定期由各教区轮流协办召开华人年议会代表大会，2020 年 11 月 9 日至 12 日，第四十五届年议会在波德申卫理中心进行，由中四和南中教区协办。

马来西亚基督教卫理公会砂拉越华人年议会（Sarawak Chinese Annual Conference, The Methodist Church in Malaysia）：奠基历程可追溯至 20 世纪初黄乃裳与富雅名教士等人在诗巫的移民垦荒与福音传播活动，当时的砂拉越卫理公会成为马来西亚宣教议会新加坡之访的其中一站。截至 1935 年，砂拉越教区共有 40 个牧区教堂、41 所联属学校，直属学校有毓英女子中小学及幼稚园。1949 年 1 月，卫理高级中学正式开学。1951 年 6 月，设立福儿院。1954 年，卫理神学院开课。1955 年，创办卫理福音书局。1959 年 12 月 3 日，砂拉越年议会正式成立。1976 年 12 月 4 日，在吉隆坡成立马来西亚卫理公会，砂拉越年议会正式更名为"砂拉越华人年议会"。1983 年，越过砂拉越州传播到沙巴州。1989 年，开始在澳大利亚宣教。1992 年，传入新西兰。截至 2000 年，共差派十名传道为驻海外的宣教士。此外，截至 2000 年，砂拉越和沙巴的华人卫理教会共有会友 67 442 人、教堂 104 间、布道所 21 处、专任教师 123 人，② 2011 年起覆盖诗巫、古晋、加帛、美里等九个教区。下设宣教部、布道部、文字事业部、会友事工部、基督徒社会关怀部、基督教教育部、崇拜与音乐部等主要部门，以及《卫理报》社、诗巫卫理神学院、诗巫卫理福儿院等核心机构。2010 年，拥有会友 92 581 名、堂会 124 间、牧师、传道 168 位、海外宣教士 28 位。现任会长为池金代牧师。③

马来西亚基督教青年协会（Malaysia Christian Youth Association，

---

① 马来西亚基督教卫理公会华人年议会，http://www.methodist.org.my/。
② 张应龙：《马来西亚华人移民与基督教》，载《中国宗教》，2004 年第 2 期，第 47 页。
③ 马来西亚基督教卫理公会砂拉越华人年议会，http://www.sarawakmethodist.org/。

MCYA）：简称"马来西亚'基督青'"，是于1999年成立的、非营利、非政党、不分教会宗派的基督教全国性青年组织，主要服务对象为马来西亚18—40岁的华裔基督徒青年。该社团的宗旨为"团结我国（马来西亚）基督青年，提升上帝主权意识，实践文化福音使命，在人群中发挥光和盐的见证，并为建国宏愿作出积极贡献"。社团的使命宣言具体表述为"青年合一、贡献国家，联系华社、提升青年，服侍教会、使命宣教"，该社团经常代表基督徒华社出席各类文教和商业活动，并参与探讨基督教在马来西亚青年和社会领域发挥的作用，现已成为马来西亚青年和体育部的成员之一，也是该国华青组织八大成员之一。[1]

三、新加坡

新加坡现有华人约300万人，2016年华人族群占到总人口的76.2%[2]，为该国第一大族群。其中，华人基督宗教社团的典型代表包括：新加坡圣公会华文部、新加坡华文基督教联合会、新加坡基督教长老会、新加坡卫理公会华人年议会，以及天主教新加坡总教区及其华人信众。

新加坡圣公会华文部：1819年，伴随着英国东印度公司在东南亚地区的扩张，早期的圣公会信徒开始来到新加坡，并于1826年在该国正式建立圣公会教会。1837年，新加坡圣公会建成首座教堂，1842年创立新加坡第一所女校（后改称"圣玛格烈学校"），1856年创立圣安德烈宣教事工。1909年成立新加坡教区，1910年成立新加坡教区公会（Singapore Diocesan Association）。1913年，新加坡圣公会在牛车水开设教区的第一所诊所，开启了教区的医疗事工，1923年在厄士金路设立面向妇孺的圣安德烈教会医院，1939年设立新加坡首间骨科医

---

[1] 马来西亚基督教青年协会，http://mcya.org.my/v2/? page_id=5148。
[2] Singapore Gouernment, "Population in Brief 2015", https://www.strategygroup.gov.sg/images/Publication images/population-in-brief-2015.pdf.

院——圣安德烈骨科医院,1992年开设圣安德烈社区医院。1956年旨在推广新加坡华人教育的圣公会中学成立。1996年成立由古晋教区、沙巴教区、新加坡教区和西马教区组成的东南亚教省。① 教区华文部的使命包括:"配合教区关注华文堂会的发展;凝聚教区华文堂会牧者及传道;与友宗的搭配及海外交流;照顾弱小的堂会。"1961年创刊下属刊物《星马教声》,现任(第十任)圣公会新加坡教区主教为章剑文法政牧师(博士)。

新加坡华文基督教联合会(Singapore Chinese Church Union,SCCU):成立于1931年10月10日,荣誉会长为张人盐牧师,现任会长为谭国华牧师。《新加坡华文基督教联合会章程》当中明确规定:"本会以遵从基督合而为一之宝训,联合本国各宗赞同本会信仰立场之华文基督教会及基督教机构,宣扬福音,促进有关基督教事工及推广公益慈善事业为宗旨。"② 其下现有新加坡教会(MP)、新加坡华人基督教怀恩堂、中国布道会圣道堂等31个堂会单位,以及三一神学院、新加坡神学院、中国信徒布道会等16个机构单位。③ 定期出版《基督教联报》等刊物。

新加坡基督教长老会(The Presbyterian Church in Singapore,PCS):源于伦敦差会和苏格兰长老会,前身可追溯到1862年伦敦差会宣教士基斯柏里牧师在华人陈诗武先生协助下创立的马车路礼拜堂。1881年,先行赴汕头学习潮语的英格兰长老会阁约翰牧师抵达新加坡,开始在今乌节路长老会的协助下于马车路礼拜堂工作,由此建立新加坡第一间华人教会荣耀堂,并正式开启新加坡基督教长老会的创设历程。1897年又聘请首任华人牧师郑聘廷牧师南来,专理福建方言教会并建立了丹戎巴葛礼拜堂即今日的禧年堂。之后又在竹脚、实龙岗、柔佛

---

① 圣公会新加坡教区华文部,https://chinese.anglican.org.sg/index.php/guan-yu-wo-men/wo-men-de-li-shi。
② 新加坡华文基督教联合会,https://ccussingapore.wordpress.com/about/。
③ 同②。

新山和麻坡等地设立宣道所。1901年，阁约翰牧师组织召开了新加坡长老会第一次大会。1931年，老教育家安利叙牧师加入大会，他不但开拓教会，还帮助创办幼稚园、小学，为今日长老大会设立的学校奠下基础。1975年，大会基于政治、地理、教会行政三个因素，正式分为马来西亚长老大会和新加坡长老大会。同年召开第一届年议会，第一任会正为陈振光牧师。1992年10月25日，正式成立华文中会，现有牧师和传道近百名。该社团发展目标"是使新加坡的长老宗教会联合起来，以自我管理、独立自足和自身见证的精神来传扬基督的教义、基督徒的生命方式和在世上拓展上帝的国度"。目前下设宣教、青年、妇女、教育等理事会，以及亚洲加尔文研究院等机构，覆盖新加坡市区、碧山/后港、樟宜/东海岸等堂会分支。①

新加坡卫理公会华人年议会（Chinese Annual Conference, The Methodist Church in Singapore）：1976年12月成立，前身为19世纪末在直落亚逸街建立的、主要面向福建人的首间华人卫理公会。主要使命包括：以生命来爱与荣耀上帝；塑造基督耶苏的门徒；以上帝的爱来服事他人。现涵盖4个教区、17个牧区、70余个崇拜堂、13个牧区妇女服务会（WSCS），日常活动以华语、多种华族方言（闽、粤、榕、客、潮、兴化）、英语、淡米尔语及印尼语进行。出版《卫训》《活泉》等刊物，现任会长为吴乃力博士。② 与马来西亚基督教卫理公会华人年议会保持着年度轮流互访，并曾到访中国贵州等地教会。

四、泰国

2011年泰国华侨华人约718万人，占泰国人口比例的10%左右。③ 作为宗教氛围浓厚的东南亚国家，泰国神缘性华侨华人社团的发

---

① 基督教新加坡长老会，http://www.presbyterian.org.sg/。
② 新加坡卫理公会华人年议会，https://www.cac-singapore.org.sg/。
③ 刘文正、王永光：《二十一世纪的东南亚华人社会：人口趋势、政治地位与经济实力》，载丘进主编：《华侨华人蓝皮书：华侨华人研究报告（2013）》，北京：社会科学文献出版社，2014年版，第40页。

展一直较为蓬勃,且大多具有慈善性质。其中,比较典型的华人基督宗教社团包括:泰国基督教总会(Church of Christ in Thailand,CCT)华人华侨区会、泰国基督教联会(Evangelical Fellowship of Thailand,EFT)等,以及各天主教教区及其华人信众。

泰国基督教总会华人华侨区会:泰国最大的基督教组织,是以本土基督徒为主导、外国宣教士为辅助的基督宗教社团,按照地域和种族等标准可划分为19个区会。其中,下辖7区和12区为华人华侨教会区会,7区区会以长老会为主,信徒数量约8000人;12区区会以浸信会为主,信徒数量约12 000人①,两者是泰国华人基督徒最为集中的地方。根据2001年统计报告,共有教会与布道所906所,信徒人数约13万人,另有五间基督教医院,一所位于清迈的Payap大学,以及三所神学院。② 2010年9月,与马来西亚基督教卫理公会华人年议会结成了福音伙伴。

五、缅甸

2012年缅甸华人约163.7万人,占总人口的3%③。主要华人基督宗教社团包括:缅甸基督教传道人训练中心、缅甸仰光基督教卫理公会国语堂、下缅甸卫理公会等,以及各天主教教区及其华人信众。

缅甸基督教传道人训练中心(Myanmar Christian Preachers Training Center):20世纪80年代末由缅甸基督教卫理公会国语堂退休牧师童铭惠牵头建立,旨在为缅甸华众教会培训储备时代牧会工人及开荒宣教士等人力资源。2000年6月10日新校舍落成,当时可容纳70余名师生员工,其基督教福音传播和事工推广由此进入一个全新的发展阶段。培训过程坚持以中文为主,由该机构学成毕业的学生目前绝大多

---

① 《福音进入泰国的历史踪迹及现状》,http://thaiagape.wordpress.com/2010/12/28。
② 《泰国华人教会简史》,http://www.pacilution.com/ShowArticle.asp?ArticleID=10069。
③ https://www.cia.gov/library/publications/the-world-factbook/geos/bm.html。

数均在缅甸华人教会和地方独立教会进行事奉服务。①

缅甸仰光基督教卫理公会国语堂：缅甸基督教卫理公会国语教会从1980年左右搬迁到现在的地址，目前教会会友人数近200人。现在国语教会有主日学学生近50名，青年团契和壮年团契成员各40名左右②。

下缅甸卫理公会（Methodist Church, Lower Myanmar）有两间教会（万宏华人卫理公会为其一）和三间布道所；两位牧师和六位传道。自2020年起，在当地统筹建立华小事工，基督徒教师们可同时教书和传福音。学校采用的中文、英文、缅文、数学和其他科目等教材，全部来自中国。万宏政府已将5间华文小学接收为政府教育机构。

六、其他东南亚国家

21世纪初，菲律宾总人口约9000万人，华侨华人约150万人（一般认为，菲律宾有华人血统者超过1000万人，但因其先辈移居菲律宾时间较长，使之文化传统、宗教信仰、生活习惯已完全与菲律宾原住民无异），占全国人口的1.8%左右。③菲律宾比较有代表性的华人基督宗教社团包括：菲律宾华侨圣公会、旅菲中华基督教会等，以及各天主教教区及其华人信众。

2009年越南华人约82.3万人，占总人口的0.96%。主要华人基督宗教社团包括：越南基督教宣道会梁汝学堂等，以及南方华人天主教会。

2016年，柬埔寨约有90多万华侨华人，约占全国总人口6%，④这一比例在东南亚国家当中仅次于新加坡和马来西亚。以近五年观之，

---

① 缅甸基督教传道人训练中心，http://www.myanmarmission.org。
② 《缅甸基督教卫理公会国语教会圣诞庆祝活动》，载《金凤凰》，2019年1月14日。
③ 中华人民共和国国务院侨务办公室，http://www.gqb.gov.cn/node2/node3/node52/node54/node62/userobject7ai288.html。
④ 《柬埔寨华人九成从商 历经凤凰涅槃经济贡献大》，http://www.chinaqw.com/sqfg/2016/12-01/115692.shtml。

来自中国的新移民人数增加了近十万,是整个东南亚地区中国新移民增速最快的国家。① 主要的华人基督宗教社团包括:金边基督教会恩典堂、基督教宣教会等,以及各天主教教区及其华人信众。

---

① 罗杨:《"香火"永续:柬埔寨华人社团百年变迁》,载《南洋问题研究》,2017年第4期,第57页。

第四章 东南亚华人基督宗教社团的组织架构与运作体系

"宗教海外辐射力主要有硬件和软件两方面构成。硬件包括圣地圣物、宗教人口、传教和宗教非政府组织、宗教神学院校、宗教传媒等;软件则包括政教关系、宗教政策和实践、宗教和神学思想、宗教和社会受尊重度,以及具有超凡魅力和创业精神的宗教领袖等。"① 基督宗教是一种制度性、组织性和系统性强的宗教体系,如果主观和客观条件允许,其便能够在广泛的社会文化领域当中履行多种功能,同理,以上因素是我们考察东南亚华人基督宗教社团组织系统和机构设置的关键切入点。总体而言,东南亚华人基督宗教社团的服事结构大多以专职神职人员为领导、以从事世俗职业的非神职人员为辅佐,前者包括会督、会长、牧师、长老等职务,后者则包括执事、传道、读经员等角色,鉴于前章已涉及信众规模扩张和构成特征的一般性探讨,本章将首要研究对象聚焦在社团首领等精英职位。

---

① 徐以骅:《从"信仰中国"到"信仰周边"——中国与周边国家的宗教互动》,载徐以骅主编:《宗教与美国社会》(第十五辑),北京:时事出版社,2017年版,第3—13页。

第一节　东南亚华人基督宗教社团的层级分区与首领职位

社团大会是东南亚华人基督宗教社团层级最高、权力最大的治理机构，其负责的主要事务包括：定期举办年议会等重要活动，确立调整社团未来愿景，决定重大发展战略；运用社团相关资源推进国内的布道、崇拜、见证、服务等核心事工；对内促进各级各地分支机构的交流联络与资源共享，对外代表社团协调其他地区乃至全球的宗派伙伴，共同推进国际宣教事工并增强彼此联络合作；有权依据社团法规对各级分支机构或业务部门进行调整重组。大会往往设有涵盖会正、书记、财政、委员等职务的常委会，此类社团精英大多成长于信徒群体，具有显著的合法身份和社会地位，而且与社会各个阶层保持着密切联系，基于宗教教职、知识和声威，他们得以影响信徒的宗教生活和世俗生活，并有望成为社团和教民利益的代言人。作为教会首牧和社团最高领导者，会督（Bishop）/会长（President）有权任命教省和教区等分支机构的首领职务，维护教会纪律，监督社团工作，以榜样力量引导教化会友。出任者往往具备扎实的神学素养、坚定的宣教使命、丰沛的社会资源、宽广的海外视野，其既熟悉东南亚当地的政治、经济、文化、法律，又拥有显赫的政治地位和人脉关系，因此掌握着丰沛的政治与对外资源、资本与产业资源、智力与文化资源。

当今东南亚华人基督宗教社团涵盖了由中央到地方等不同层级，以整合现有资源构建广泛性的宣教服务体系，从而呈现出"由点带面、全面辐射"的空间特征。首先，教省通常由同一区域的若干宣教教区组成，如圣公会东南亚教省、天主教主徒会马来西亚会省等，具体由各教区代表所组成的教省议会来负责管理，设教省大主教等职务。其次，教区通常由同一地理位置的若干宣教牧区组成，绝大多数教区均位于同一国土的领域内。设主教、主理、首牧等职务，掌握司法权等重要职权，同时配备协理、传道等职务若干名，与法务、财务、文书等职务共同管理教区议会。与此类似，对于那些规模和体系更为庞大的东南亚华人基督宗教社团而言，分区治理和协调运转更不失为一种水到渠成的选择。例如：作为一个拥有500余个华人基督教会的庞大社团组织，印尼华人基督教联合会（PGTI）便参照会员地理分布将其划分为亚齐、苏北、苏南、廖省、巴淡、中爪等十余个区委会，每个区委会组织下设主席、副主席、文书、财务及各类业务部门，采取日常分区治理与整体协调联动相结合的工作模式。在大会（Synod）的指导和治理之下，中会（Presbytery）有权管辖所有下属的堂会及教牧，如堂会的开拓、合并、拆分或解散，有权对牧者实施按立、接纳、开除、授权或其他纪律行动，有责任向大会提名参会人选并动议共同事项。中会构成包括：各下属堂会教牧、各长老议会委派的长老、其他经选举就任的长老和教牧等；拥有主教座的教会日常事务由座堂长和座堂议会直接负责，其下包括长老、教牧、同理牧师等职务。再次，牧区、堂会是华人基督宗教社团的基本单位，那些按照地理范围进行规划的教会，通常由教区主教分别委任牧正、副牧、主任牧师等职务来管理；而堂会之下则囊括了布道所和福音站等分支机构，往往由经过选举的长老议会负责治理，具体包括长老、教牧、同理牧师、文书等职务。

总体而言，东南亚华人基督宗教社团形成了隶属明确、组织严密、层次分明的运作体系，但与华人天主教社团的垂直等级化移民牧区体系相比，华人基督教社团呈现出彼此独立的网络体系特征。有学者认为，在所谓的"儒家新教教会"（Confucian Protestant Church）当中，无论是教会的组织构成还是成员的思维方式，都与儒家传统有着密切的联系，其特征包括：以"礼"为基础的人际关系和等级制度、以年龄为基础的长幼秩序、传统的男外女内的性别角色，以及对孝道的高度推崇。① 东南亚华人基督宗教社团的日常运转能够遵循有规可依、优中选优、定期改选、信息公开等原则，对于社团人事、财务、发展等关键事项的决策往往需要经过全体会议进行表决，并及时准确地向社团内外发布人员任免和预算决算等重要信息，而非依赖社团首领及决策团体的专断专行，由此基本实现了议事日程的公开化和决策过程的民主化。例如：新加坡基督教长老会（The Presbyterian Church in Singapore）在其《法规》当中明确规定："新加坡长老会秉承加尔文改革教会的治理体制，保留圣经的圣职观，由牧师、长老与执事共同治理会众。教会是信徒组成的身体。作为上帝的儿女，在主里合而为一，故无阶级之分；反在其运作上，推崇民主、代议及纪律。"②

第二节　东南亚华人基督宗教社团的业务部门及职能分工

东南亚华人基督宗教社团十分注重运作体系的专业化，努力在各层级构建起架构完善、功能齐全、权责明晰、运作顺畅的组织系统，常设业务部门分工明确且相互协作，这有助于确保社团稳定高效地实现运转。

一、布道部/宣教部/宗教教育部/会友事工部

该部门主要负责制订基督宗教教育事工政策，向社团会员及非会员群体宣扬福音，提供灵性训练和道德教化的相关资源（祷告、课程、讲坛、研讨、营会、事工等），提升教职人员神学素养，关心关注学生学习状况。其中，布道部的福音传播业务聚焦社团所在国当地，而宣教部则侧重向海外异域未得之民传播基督福音。例如：新加坡基督教

---

① 黄雅兰：《"母亲的祖国"：美国华人基督教的传播体系及其对民族身份的建构》，载《华侨华人历史研究》，2018年第1期，第83页。

② 新加坡基督教长老会，http://www.presbyterian.org.sg/constitution-cn.htm。

长老会（The Presbyterian Church in Singapore）大会宣教理事会通过主办宣教咨询会议积极探讨本区域宣教状况，促进事奉人员交流和神学资源共享，并尝试建立海外教会的宣教网络，提供、延续和扩展长老大会下属堂会的宣教事工机会。再如：作为马来西亚基督教卫理公会华人年议会（Chinese Annual Conference，The Methodist Church in Malaysia）最为活跃的部门之一，会友事工部的职能"是使人人认识上帝的属性，积极长进，尤其对主耶稣基督所启示的救赎大爱，以信与爱响应之。本部任务是与吾会其他各部、机构和总议会会友理事会合作，合作范围包括：领人归主、积极宣教、成为会友与牧师之间的桥梁、为教会提供各种实际的属灵训练，以及通过实地工作、出版和实践计划，为本部提供可靠资源。"① 此外，一些华人基督宗教社团尝试对此类部门进行职能整合或业务细分，如印尼华人基督教联合会（PGTI）的培训部便下设了"教会增长支部""宣教支部""圣乐与敬拜支部""华文福音事工发展支部"等次级部门。

二、社会教育部/教育服务部/教育理事会

东南亚华人基督宗教社团的社会教育事工部门，遵照所在国教育法律和社团法规规定，主要负责提供各级各类教育服务，支持协调社团下属教育机构发展。例如：马来西亚基督教卫理公会砂拉越华人年议会教育部便专门负责下属的 2 间托儿所、41 间幼儿园、3 间小学、2 间中学、1 间学院等教育机构，2010 年教师规模已达 721 名，各类在校学生多达 12 730 名，积极向当地华人和基督信众等群体提供从学前教育到大学预科教育等各级社会教育服务。又如：新加坡基督教长老会（The Presbyterian Church in Singapore）教育理事会的机构宗旨与目标在于"为上帝所托付在长老会学校的学生们提供良好的全面培育，让他们在健康的基督教环境中成长，成为有智慧和身量的好公民，能

---

① 马来西亚基督教卫理公会华人年议会，http://www.methodist.org.my/?s=%E9%83%A8%E9%97%A8&x=12&y=6。

得到神和人的喜爱（路加2：52）"①。

三、社会关怀部/社会福利部/社会救济部

该部门主要负责参照社团各项法规、依托专业基金会等附设机构，通过募集资金和培训义工等方式，向国内外亟须帮助的幼儿、老人、妇女、残疾人等弱势群体提供食宿、医疗、心理、家庭、养老、丧葬等方面的福利、救济与关怀事工，以期使会众和公众全面了解华人基督宗教社团的各项社会服务准则。例如：早在1969年，马来西亚基督教卫理公会砂拉越华人年议会便成立了"公共道德与社会福利部"，后改称"基督徒关怀部"，专门负责组织当地的紧急救援筹款，通过成立基督徒监狱假释小组（ODP）和食物银行（FB）等机构，积极参与监狱福音事工、未婚母亲事工、街头事工、戒毒事工等实践。

四、对外联络部

该部门是海外新型华人社团跨境互动属性的直接体现，主要负责华人基督宗教社团与政府部门、信仰同行、社会伙伴等之间定期或不定期的沟通协作。例如：马来西亚基督教长老会便专设"信仰与教制委员会"，负责研究、制定、诠释、修正本社团信仰信条及敬拜礼仪，指导各堂会等分支机构践行社团相关信仰、宗旨、使命、理念。印尼华人基督教联合会（PGTI）也明确宣称自身"是印尼宗教部基督教辅导署与众教会基督教机构间沟通的桥梁"，专门设立"对外联谊部"，旨在"建立并促进与各大区会/教会会员或非会员之沟通，也包括其他的基督教机构及全国九大基督教组织之沟通"②。正如该社团前主席杨清所言，"如何集合所有教会的力量到福音事工上，以及促进教会之间

---

① 新加坡基督教长老会，http://www.presbyterian.org.sg/presbyterian-education-council-cn.htm。

② 印尼华人基督教联合会，https://pgti.co.id/page/6/-bidang-hubungan-luarmasyarakat。

彼此的交流与增长,是我们多年来的工作目标。"①

五、文字事业部/历史文献部/网络资讯部

该部门主要通过发行报刊、出版文集、推介成果,以及组建图书馆、文献库、资料室等方式发布相关信息,向所在国内外受众展示塑造华人基督宗教社团的良好形象。例如:马来西亚基督教卫理公会砂拉越华人年议会便定期出版《卫理报》(周刊)、《生命树》(周刊)、《领袖日程》(月刊)、《超越》(双月刊)、《童真世界》(双月刊)等众多华文报刊,并已收集110间堂会与教区的相关档案,以及12位个人捐赠的历史文献,还于2010年将真安堂重建为"历史文物展览馆"。与此类似,马来西亚基督教长老会也专门设立了"历史文物委员会",其核心职能便包括:收集、整理及保管该社团相关历史资料;研究、编辑及发行相关历史文献;设计、建立及管理马来西亚长老会文物馆等相关历史设施。②

在当今世界信息技术发展日新月异的时代背景下,卫星通信与新媒体等正在超越报刊、电台和电视等传统媒介,以及地缘关系、亲缘关系、族群关系等传统渠道,日益成为东南亚华人基督宗教传播和身份认同构建的全新平台。③ 东南亚华人基督宗教社团在日常运营中还主动运用现代互联网技术,结合华人思维、语言逻辑、文化传统等纷纷建立具有号召力和话语权的门户网站、公众号、微博等各类新媒体平台,不仅涵盖了社团简史、宗旨使命、组织机构、章程原则等重要信息,而且以短视频等喜闻乐见的方式宣传了日常活动及特色实践。当前新生代华人普遍面临生活节奏快、业余时间少、心理压力大等一系

---

① 《印尼华人基督教会联会成立经过及未来动向》,http://www.cccowe.org/content_pub.php? id=cct200802-4。
② 马来西亚基督教长老会,https://www.gpm.org.my/? page_id=1219。
③ Robbie B. H. Goh, "The Internet and Christianity in Asia: Cultural Trends, Structures and Transformations", *International Journal of Urban and Regional Research*, Vol. 29, No. 4, 2005, pp. 832-833.

列现实问题,这无疑为此类社团提供了跨越时空的技术介质,有助于吸引越来越多的青年精英群体关注参与社团活动,而道教和佛教等传统宗教在传播路径和技术手段方面则显得缺乏创新。①

第三节 东南亚华人基督宗教社团的常设教会组织

作为供奉信仰偶像、供养神职人员、服侍宗教信众、联络社会公众的神缘实体,教会既是首屈一指且至关重要的宗教机构②,又是基督宗教神缘社团活动的基本单位和普遍形式,其有形和无形的神缘网络尤其成为凝聚海外华侨华人的信仰核心,并与华文报刊和华文学校等要素共同构成了海外华人文化社区的精神支柱。对于多数华人基督信徒而言,教会机构不仅是他们与非信徒和当地民众集会、议事、交易等日常交往的重要场所,而且满足了他们在异国他乡定居、谋职、救助等基本需求,因此成为其获得族群归属和文化认同的有效载体。

表5 海外华人人口、华人教会及华人基督教机构数量③（2010年）

地区	华人人口（人）	华人教会（个）	华人基督机构（个）
亚洲	30 032 000	2161	191
大洋洲	954 050	319	19
北美洲	5 510 000	1614	330
拉丁美洲	1 806 150	109	12
欧洲	1 368 300	311	47
非洲	723 000	32	4

---

① 张禹东:《东南亚华人传统宗教的构成、特性与发展趋势》,载《世界宗教研究》,2005年第1期,第98—108页。
② Kwai Hang Ng, "Seeking the Christian Tutelage: Agency and Culture in Chinese Immigrants' Conversion to Christianity", *Sociology of Religion*, Vol. 63, No. 2, 2002, p. 198.
③ 世界华福中心研究及发展部:《海外华人人口与华人教会统计》,载《今日华人教会》,2011年2月。

续表

地区	华人人口（人）	华人教会（个）	华人基督机构（个）
中东	259 200	7	3
合计	40 652 700	4553	606

由表5可知，海外华人基督教机构及华人教会主要分布在北美洲和亚洲两大区域，尽管亚洲的华人基督教机构数量不及北美洲，但华人教会数量已超越北美洲。与此同时，根据2007年出版的《全球海外华人天主教手册》，海外华人天主堂为93座。其中美国45座，加拿大14座，南美洲4座，东亚2座，东南亚13座，大洋洲9座，欧洲4座，大洋洲1座，南非1座。① 就此而言，东南亚已经成为除北美洲以外华人天主教发展的另一重要区域。具体来看：

1837年落成的圣安德烈教堂是圣公会在新加坡建立的第一间教堂，最初仅供英国侨民崇拜使用，1856年成立宣教部后开始向华人等群体传教。兴建于1869—1870年期间的圣伯多禄圣保禄堂（Church of Saints Peter and Paul）位于新加坡中区的皇后街，建成之初为当地华人与印度人共用的罗马天主教教堂，后转变为纯正的华人天主教教堂。日常活动较多使用英语，每周日上午举行一场普通话弥撒，下午则举行一场广东话弥撒。除此之外，新加坡基督教长老会旗下也拥有一些典型的华人教会组织，如长老会荣耀堂、禧年堂、恩泽堂等等。

位于马尼拉王彬街头的岷仑洛教堂（Binondo Church）是华人基督教会的典型代表。该教堂始建于1596年，亦称"李乐伦圣殿""圣母玫瑰堂"，前方广场矗立着菲律宾圣人李乐伦（Lorenzo Ruiz）的雕像。二战后，特别是自20世纪50年代起，由于华人人口增加及居住地向外扩展，菲律宾不断建立新的华人天主教区，现共有6座华人天主堂，分别是圣伯多禄堂、圣德肋撒堂、马尼拉崇德堂、描戈律和平之后堂、

---

① 《为什么海外有多座华人圣堂？》，https://www.xinde.org/index.php/show/20950。

圣母元后玛利亚堂、哪呀市华侨天主堂。

马来西亚第一座华人天主堂于 1787 年在槟榔屿落成，截至 1930 年已有天主堂 22 座，教友 18 000 人，大多数为华人。同时东马来西亚（沙巴和砂拉越）有华人天主堂 21 座，教友 13 000 人，东马来西亚古晋总教区有华语圣经协会和华语教务协进会。①

根据世界华福中心 2008 年的相关统计，印尼拥有各类华人教会约 500 家②，其中多为半独立教会，绝大多数亦为印尼华人基督教会联会（PGTI）的会员。该机构在介绍自身信仰时明确指出："教会是一体的，由圣灵所重生的人组成，并在敬拜、交通、传福音及事奉上发挥其功用。"③ 印尼弥赛亚大教堂由归正福音教会于 2008 年建成，整栋建筑包括博物馆、音乐厅、图书馆与归正神学院、基督教大学，最右边则为现代化的玻璃帷幕大楼，连贯出一庞大的建筑群，也被誉为"海外最大的华人教堂"。此外，位于孟加勿舌一街的印尼基督耶稣教会国语堂（GKY）也是由该地华人兴建的大教堂，其经常在华人信众当中开展牧师讲道和话剧展演等丰富多彩的活动。

1897 年，广东神父陈达明在越南堤岸建立了第一座华人天主堂。目前以华语聚会的华人教会有八间，均属家庭教会，缺乏华文属灵图书，信徒培养相对困难，在越南逐渐开放的状况下，已有新加坡、菲律宾华人教会同工进入该国华人社区进行短期宣教。胡志明市现有三座华人天主堂，如圣方济各华人天主堂。圣方济各华人天主堂（俗称"Cha Tam 教堂"），是越南胡志明市五区（堤岸区）一座古老的教堂，属于天主教胡志明市总教区，为殖民时期法国总督 Lagrandiere 下令修建。1900 年 12 月 3 日，圣方济·沙勿略瞻礼日，西贡主教 Mossard 为教堂奠基。1902 年 1 月 10 日，教堂举行祝圣典礼。教堂设

---

① 《为什么海外有多座华人圣堂?》, https://www.xinde.org/index.php/show/20950。
② 《印尼华人基督教会联会成立经过及未来动向》, http://www.cccowe.org/content_pub.php?id=cct200802-4。
③ 印尼华人基督教会联会, https://pgti.co.id/page/21/。

计采用欧洲哥特式建筑风格,但也融入不少中国文化因素。如堂中悬挂对联一副:"幻世浮荣不足满人愿,天乡永福方能克善心。"平日和主日均会分别安排越南语和粤语弥撒等活动。

图1为泰国最早向海外派遣宣教士的教堂之一——曼谷华人基督教浸信会心联堂(Maitrichit Chinese Baptist Church)。目前在曼谷的华人教会还包括长老会黄桥堂(潮语)、沙吞堂(粤语)、浸信会怀恩堂、恩友堂、圣光堂(普通话)、台语长老会(台语)等。①

资料来源:作者于2018年10月摄于泰国曼谷唐人街。

图1 曼谷华人基督教浸信会心联堂

1999年7月,柬埔寨金边创立首个"海外华人福音团契",创办人为卢洁香宣教士,一年后该团契命名为"恩典教会"。2005年注册为"金边基督教会恩典堂"(Phnom Penh Grace Christian Church, PPGCC)并开始自立,2009年5月10日,金边恩典大楼落成并举办

---

① 《泰国华人教会简史》,http://www.pacilution.com/ShowArticle.asp?ArticleID=10069。

献堂典礼。其宗旨使命与实现路径包括："在事工上：从广传福音培训主的门徒到植堂；在群体上：以华人为基础将福音传播到柬埔寨高棉人；在目标上：以首都金边为基地辐射到柬埔寨各城各乡；在方法上：传福音、建立教会与社会关怀同时并进；在同工上：宣教士、本土同工与海外支持教会机构彼此学习配搭；在宏观上：以柬埔寨为起点将异像传递到世界各地。"2006年年初创竹笋村恩典堂，2007年开创西港恩典堂事工，2008年在西港渔村开创"方舟福音站"事工，下设基督教国际学校、金边宣教士培训中心、竹笋村儿童中心、方舟恩典国际学校等重要机构，另创办有《主日周刊》等电子刊物。① 此外，柬埔寨具有代表性的华人基督教会机构还包括初创于20世纪90年代、隶属于新加坡圣公会的金边圣公会平安堂，该教会在2019年10月专门成立华文堂，吴文彬被委任为平安堂华文堂传道，带领教会向华人传福音及牧养华文堂会友。

第四节　东南亚华人基督宗教社团的附设教育机构

东南亚地区早期的许多华人基督宗教社团均创立了附设学校，有些学校与教堂、社区中心合而为一。其教职人员和神职人员普遍接受过正规的神学教育，许多牧师还拥有专业博士学位，良好的教育背景与社会沟通能力成为其进行跨文化交往的重要条件。众多文化教育机构定期举办宗教仪式和节庆活动，而且开设中文、书法、国画、古筝、太极等各类中华文化课程。具体来看，当前东南亚国家与华人基督宗教社团关系密切的知名教育机构主要包括以下几个。

一、新加坡

新加坡三一神学院（Trinity Theological College）：1948年成立，是

---

① 金边基督教会恩典堂，https://ppgcc.org/。

卫理公会、圣公会和长老会联合创办管理的神学教育机构，自1952年起便陆续开办了一系列华文神学课程，曾为东南亚各国培养了大量华人教会人士。值得一提的是，三一神学院与中国神学教育机构具有较深的历史渊源并保持着友好交往，其第二任和第三任院长早年曾在中国金陵神学院担任教授，20世纪80年代末金陵神学院两位教授也借赴新加坡培训之机参访过三一神学院，从而开启了中新两国基督教会跨境交往之先河。

新加坡圣公会中学（Anglican High School）：为了适应新加坡华人信徒与日俱增的趋势，改善圣公会创办英文学校偏多的局面，由圣公会圣马太堂、善牧堂、圣三一堂、真光堂和圣安德烈座堂华语部等五间华文堂会于1956年合力创办。其以"圣洁公义"为校训，推崇华英并重的教育模式，培养目标包括："创造良好并具挑战性的学习环境；提供全面教育，培养精通双语、热爱中华文化的学生，能包容差异；培养好学、积极向上，富有责任感及具有基督徒良好品格的公民；全面发展学生的才华与领导素质。"1979年，凭借卓越的成绩、优良的华文传统及严明的纪律，该校获选为新加坡九所特选学校之一，也是当时唯一获得特选学校身份的基督教教会学校。[1]

新加坡公教中学（Catholic High School）：创办于1935年4月，创校人是法国人劳爱华神父。公教中学本名为"公教华英中学"，早年校名有"华英"两字，乃因劳爱华神父认为当时的学生应中英兼通，并主张以中英并重为办校宗旨。公教中学校门左右两联分别以"公""教"为首字，上联"公法有情必兴社稷"，下联"教规无类乃秉渊源"，既彰显新加坡依法治国之理念，又突出华人秉持教育兴邦之传统，有很浓郁的华文文化色彩。公教中学从其办学理念到课程设置，再到学校文化景观设置，处处都体现着双语与中华文化的浓浓气息。1979年，公教中学被新加坡教育部选为特选中学（SAP School）。公教

---

[1] 新加坡圣公会中学，https://anglicanhigh.moe.edu.sg/。

除了贯彻双语教育，也培育了数以万计的英才。新加坡首任总理李光耀的长子李显龙（新加坡现任总理），次子李显扬都毕业于该校。作为一所天主教学校，公教中学秉持"爱"的办学方针。充满爱心的教师不遗余力地塑造学生的品德并引导他们学习，校友及家长慷慨无私的支持与奉献，都是公教以天主为中心的关怀文化强有力的基石。公教出色并具创新意识的教师也获得教育界同仁、家长和学生的认可，频频获得嘉奖与表彰。

新加坡长老会中学（Presbyterian High School）：前身是 1965 年由新加坡基督教长老会教会创设的"礼逊中学"，1983 年正式更名为"长老会中学"。该校以"焚而不毁"为校训，其教育目标为：为荣耀上帝，把学生培养为"实践诺言的人，建立希望的人，谦和领导的人，来造福世界"，倡导以学生为中心、以价值观为导向的"全人教育"。① 除了重视学生的学业水平教育，该校更重视学生品格的培养，积极通过升旗仪式、开学仪式、感恩与荣耀礼拜日、耶稣受难礼拜日等开展灵修和祷告等基督宗教仪式，并多次组织少年旅到访中国，与苏州娄葑学校等保持着友好交流合作，以期对学生开展浸润式品格培养和价值引领。

新加坡培华长老会小学（Pei Hwa Presbyterian Primary）：1889 年由传道士约瑟夫·戈（Joseph Koh）创立，最初名为"马车路尾义学"（Road End Free School），当时的教学语言为潮州话，主要教授圣经、圣诗、尺牍、珠算等课程。1918 年，学校正式引入普通话教学，开始逐渐转变为一所华文学校。1922 年更名为"培华学校"，1995 年更名为"培华长老会小学"，进一步强化了与新加坡最古老的华文教会——长老会荣耀堂（Glory Presbyterian Church）的隶属关系。该校以"乐学乐善，以德为先"为校训，致力于为学生提供全面的双语教育，把学生培养成有责任心、有远见且服务于上帝和国家的个体。② 学校发展至

---

① 新加坡长老会中学，https://presbyterian.moe.edu.sg/。
② 新加坡培华长老会小学，https://peihwapresbyterianpri.moe.edu.sg/。

今已有130余年的悠久历史，近年来曾对南京、苏州、上海等地的学校展开友好访问交流。

二、菲律宾

菲律宾马尼拉圣公会中学（St. Stephen's High School）：创建于1917年7月，是马尼拉创立最早的教会学校，首期招收了19名女生，成立圣公会女子学校。1946年改为男女兼收并正式更名为圣公会中学，构建了幼儿园、小学、中学等综合性的教育体系。1984年废止主理制，恢复校长制。[①] 自建立以来一直致力于推动海外华文教育，受菲律宾教育界和菲华社会的肯定和赞赏。为提振学生的华语阅读风气和文字创作能力，该校小学部曾于2014年3月举办"菲律宾地区海外汉字文化节系列活动"之作文竞赛，众多参赛者充分发挥了创作想象力，并将多样的生活感悟寄情于笔墨之间。[②]

菲律宾嘉南高中（Hope Christian High School）：1946年由美国华人福音教会菲律宾分会（菲律宾中华基督教会）创立，其宗旨是向当地穷困群体特别是受到战争影响的华人团体提供高质量的中英文教育和基督教教育。1952年起该校逐步成长为成熟的高中院校，并正式命名为菲律宾嘉南高中。[③] 自实行华文教学改革以来，该校以让学生"会听华语、会说华语、会写华文"为教学目标，积极采用菲律宾华教中心编写的教材，并邀请该中心为学校培训教师，其教学理念得到了菲律宾社会各界的充分肯定。

菲律宾基督教灵惠中学：由福建厦门籍基督徒陈李锦英女士和白爱恩（Dr. Edwin G. Spahr）牧师夫妇初创于1950年7月5日，位于马尼拉郊外的奎松市，最初仅有学生183名，1968年在校学生已增至

[①] 戴凤春：《菲律宾华文教育掠影》，载《海内与海外》，2006年第6期，第70页。
[②] 《菲律宾圣公会中学举办海外汉字文化节作文竞赛》，http://www.chinanews.com/hwjy/2014/03-21/5978204.shtml。
[③] 菲律宾嘉南高中，https://www.hchs.edu.ph/。

2172名①，1993年学校再度扩大，校董捐献灵惠新村两万平方米土地建设新校舍。该校以"灵惠我家 爱我灵惠"为校训，现任校长为陈宏涛牧师，由12位美国传教士协助开展工作，现有学生5000余名，是菲律宾第二大的华文学校。

菲律宾光启学校（Xavier School）：1956年由来自中国的耶稣会士在菲律宾创办，以16世纪中国著名农学家和科学家徐光启命名，具有浓厚的天主教会背景和中国文化背景。校舍占地面积1.5公顷，全体教职员工由12位耶稣会神父和6名教师组成，首届学生170名，仅招收男生，其中绝大部分为当地华侨华人子弟。1960年搬迁至现校舍所在地——仙范市青山区，占地面积7.5公顷，新校名因纪念西班牙籍传教士、天主教耶稣会创始人之一圣方济·沙勿略（San Francisco Xavier）而得名。目前该校已经发展成为菲颇负盛名的华侨贵族学校和私立国际学校，其体系涵盖从幼儿园到高中教育，在校生规模约5000多人，2012年在内湖设立分校，占地15公顷，为男女混合学校，生源也开始逐渐转变为非华裔子女。该校曾多次选派师生赴北京和上海等地游学参访，并多次与华侨大学、厦门大学等特色侨校开展教育合作。2017年11月，该校师生代表团150人曾经参加由国务院侨办主办、华侨大学华文学院承办的菲律宾华裔青少年"中国寻根之旅"冬令营，学习体验汉语、书法、国画、手工、武术等中华文化课程，并专程到泉州市天主教堂等地参观、祈祷、交流。

菲律宾亚典耀圣心学校（Ateneo de Cebu）：始建于1955年，坐落于菲律宾宿务市真马克西龙大道，建校宗旨是使毕业生具有卓越特性，即"基督徒的见证性、有效的公民特质、服务精神和先锋气质"。1998年2月，该校与马尼拉光启学校以及怡朗的圣母学校一起被整合进耶稣会菲律宾会省所属的阿黛奈奥网络系统。②圣心学校注重宗教教

---

① 周南京主编：《世界华侨华人词典》，北京：北京大学出版社，1993年版，第704页。
② 菲律宾宿务亚典耀圣心学校，http://www.shs-adc.edu.ph/。

育、伦理教育、学术教育、素质教育等多管齐下，天主教教育成为联系菲律宾人和菲华社团的重要桥梁，华文教育则成为其开展与中国大陆侨校交流合作的纽带。例如：2015年11月，该校师生一行34人曾经依托华侨大学华文学院开展冬令营活动，先后进行了为期40天的中国语言文化学习和闽南文化考察；2017年10月，华侨大学又承办宿务亚典耀圣心学校骨干教师研习班，共有26名教师参加了此次为期8天的研习活动，专题课程包括了中国高等教育概况、海丝文化历史、中华传统舞龙等丰富内容。

马尼拉天主教崇德学校（Saint Jude Catholic School）：由天主教圣言会曹金铠蒙席（院长）与杨博德神父（校长）于1963年创设。办校宗旨在于宏扬天主教教义及中国优秀传统文化，培养学生的优良品德及高尚人格，使其能在德、智、体、群、美五育并重之教导下均衡发展，并能够成为世界上有责任感的公民。[1] 自2017年起，曾经多次组织学生来中国参加游学营等活动，提升汉语水平，领略华夏文明。

三、马来西亚

马来西亚诗巫公教中学（Catholic High School Sibu）：1960年由天主教圣母会在刘乃润发起下创办，是砂拉越地区顶尖的独立中学之一。1962年校舍逐渐建成，增设英文部，聘专科教师。1965年建成有图书馆、理化室、美术室和食堂的学生活动中心。1968年建成体育馆，1972年开始招收女生，并相继成立华文学会、英文学会、地理学会等多个社团。1973年增设商科和家政班，同年成立校友会。政府实施小学自动升学制后，学生生源受到影响。1982年四层新校舍建成，内有设备完善的语言中心，1983年开办电脑班，学生日益增多，1985年达1010人。校长为邢文泉修士，董事长由天主教圣母会神父担任。[2]

马来西亚诗巫卫理中学：诗巫卫斯理教会于1960年8月在马来西

---

[1] 马尼拉天主教崇德学校，https://sjcs.edu.ph/。
[2] 周南京主编：《世界华侨华人词典》，北京：北京大学出版社，1993年版，第541页。

亚砂拉越诗巫建立的教会中学。第一任校长为麦哥罗宣教士（Eugene McGraw），宣教士毕理（John Pilley）1952年任校长，并创设卫理夜校。2017年12月曾随"马来西亚砂拉越华文独立中学福建教育考察团"来华，并与福建师范大学附属中学正式结为姊妹学校，以期通过深入交流合作共同支持海外华文教育发展，共同弘扬中华民族优秀传统文化。

四、印度尼西亚

印尼基督教学校：作为印尼历史悠久且规模最大的基督宗教学校之一，印尼基督教学校在雅加达、西爪哇、万丹、楠榜四省和16个城市拥有145所附属学校，在校学生规模达六万人，其中绝大部分为华人子弟[1]。该校以"成为一所在信仰、知识和服务方面的优质基督教教育机构"为发展愿景，并以"通过提供基督教价值观和优质教育教学、最大限度地发展学生潜能"为使命，积极将"潘查希拉"（Pancasila）理念融入教育体系。其由西爪哇土生华人基督教长老会大会初创，并与20世纪20年代荷兰殖民者的传教运动存在一定关联。尽管日本入侵印尼时期曾被禁止办学，但华人领袖通过积极运作和自主办学规避荷兰殖民当局的外部影响。该校入学申请并不以宗教和种族等为条件，但非基督家庭父母需自愿同意其子女参与学校开设的相关宗教课程及宗教仪式，经录用的非基督教师或职员的个人信仰也不得与学校理念相冲突。学校日常管理主要由当地华人基督教精英负责，但主要服务范围并不局限于华人社区，近年来本土化和在地化发展趋势愈加显著。

印尼基督教神学院：1979年由雅加达规模最大的华人福音教会创建，在雅加达华人聚集区及其他城市拥有七座校园，已经成为该地区第二大的华人基督教教育机构，尤其在科学和数学等领域获得许多国内外殊荣。作为一所卓越的基督教教育机构，该校坚信基督是一切智

---

[1] Chang Yau Hoon, "Mapping 'Chinese' Christian Schools in Indonesia: Ethnicity, Class and Religion", *Asia Pacific Education Review*, Vol.12, No.3, 2011, p.403

慧和知识的源泉，以提供良好的科学和教育真理为己任，并以在基督教价值观的基础上对学生实施全面教育为使命。学校十分注重在校学生和教职员工的精神进步，特别是同行合作、敬拜静修、社区支持、品格建立等教育活动的开展。

印尼圣道学校：由华裔牧师计志文、黄彼得等创办的一所基督教会学校。目前在印尼28个城市均设立了圣道学校，拥有学生24000多名，老师及工作人员约3000名，开设的主要课程有印尼文、英文和中文，设有幼儿园、小学和初中，其中约六成为华裔学生。经过多年发展，该校目前已成为印尼规模较大的三语学校。与中国华文教育基金会等机构保持着友好交流合作关系。

第五节　东南亚华人基督宗教社团的附设服务机构

近代以来，东南亚华人基督宗教社团在公益慈善、扶贫开发、福利施予等方面逐步具备了丰富经验并形成了良好传统。二战结束后，多数东南亚华侨加入所在国国籍，传统华侨社会逐渐转变为华人社会，随着新生代华人的成长，其对于祖籍国的乡土观念和政治情感日渐淡薄，相反则更加积极地融入所在国主流社会，东南亚华人基督宗教社团的慈善功能、福利形式与活动范围均呈现出新的变化。具体来看，当前东南亚华人基督宗教社团附设的知名服务机构主要包括：

新加坡圣安德烈教会医院（St. Andrew's Mission Hospital）：简称"圣安医院"，在新加坡已有百余年的历史。圣公会新加坡教区第一任主教查尔斯占姆士·弗格森戴维主教（The Right Revd Charles James Ferguson-Davie）的夫人是夏洛蒂·弗格森戴维医生（Dr. Charlotte Ferguson-Davie）。当时，西医医生多为男性，亚洲女性因传统观念，不能向西医寻求治疗，导致婴儿死亡率也很高。夏洛蒂医生决心为她们提供医疗服务，成立了圣安德烈医疗事工（St. Andrew's Medical Mission）。1913年10月18日（圣路加主日），她推动的第一家妇孺诊所在明古连街开诊。1923年5月22日,为妇孺成立的圣安德烈教会医院在厄士金路(Erskine Road)开诊。1934年,圣安德烈教会医院(St. Andrew's Mission Hospital)通过国会法令注册为集团,这也标志着圣安德烈教会医院正式由单一的医疗机构转变为综合性福利系统,涵盖了圣安德烈社区医院、圣安德烈自闭症中心、圣安德烈疗养院、圣安德烈乐龄服务中心等众多专项机构。2020年,由于积极落实管控政策并热心参与社会服务,来自新加坡圣公会社区服务机构和圣安德烈教会医院的241名员工荣获"新加坡保健优质服务奖"称号。

新加坡圣公会福利协会(Singapore Anglican Welfare Council):由新加坡圣公会于1967年正式组建,在成立之初的20年中,其服务的范围便已十分广泛,具体包括残障者、儿童、精神障碍者、吸毒妇女、遭受家庭暴力的妇女、乐龄人士、贫困者、失业者等等。凡在困境中有需要的人,协会都会提供帮助。为此,该社团分别建立了黄埔关怀中心(1986年)、伊洛路关怀中心(1992年)、东海岸关怀中心(1992年)、马里士他关怀中心(1995年)、后港关怀中心(2002年)、四美关怀中心(2005年)等一系列专项服务机构。2004年,协会重组为新加坡圣公会社区服务。圣公会社区服务意识到必须深入社区,才能更有效地服务社区,便开始以社区为本,建立中心。社区康复与援助服务中心(武吉巴督、巴西立、义顺)分别在2010年、2011年和2012年成立。2009年,圣公会福利协会成为亚洲首家获得康复设施认证委员会(CARF)颁发认证的精神健康组织。2015年第三次获得了为期三年的认证,这是对该华人宗教社团慈善与互助服务品质的极大肯定。①

马来西亚"光仁服务中心"(Cahaya Puri):"光仁控股有限公司"(简称"光仁")成立于1996年11月11日(都尔·圣玛定纪念日),是一间由天主教主徒会马来西亚会省平信徒全资开办的非营利书局,

---

① 新加坡圣公会社区服务,https://chinese.anglican.org.sg/index.php/yi-liao-ji-she-qu-fu-wu/sheng-gong-hui-she-qu-fu-wu。

发起人为黄进龙神父。这一社会文化服务机构坐落于马来西亚雪兰莪州八打灵再也市，拥有三大宗旨："本着福音化的感召，提供合理化的货品；以企业的精神经营，盈利转为爱心工作；加强信徒间的联系，爱主爱人自立立人"。① 主要出版和售卖各种华文宗教刊物、圣经、要理书、圣物及圣像等，以期为本地华语教友团体提供便利服务。在马来西亚、新加坡、中国香港和台湾地区华文教友的大力支持下，"光仁"已经成为本区域的华文宗教书籍、卡带和CD的中心。2009年，"光仁"得到马新汶主教团正式委任，成为东马、西马、新加坡和文莱主日学课本的销售中心，各地堂区也可以向"光仁"订购所需课本教材。

马来西亚"诗巫卫理福儿院"：隶属马来西亚基督教卫理公会砂拉越华人年议会的一间儿童福利机构，1950年由毕理夫人创办。旨在向5—12岁的孤儿、单亲家庭孩童、受虐待儿童等提供食宿和教育等方面的关爱，以期彰显上帝普世性的救恩及怜悯，使其在灵性、理智及肉体上得以健康均衡地成长。主要经济来源是政府部门、教会机构、社会团体、公众人士等方面的拨款，创院至今先后将800多位孩童培育成人成才。②

印尼"光盐基金会"（Terang & Garam PGTI）：隶属印尼华人基督教会联会的社会关怀部门之一，总部位于雅加达。其以基督的爱为动机，以"光"（带来光明，营造温暖）和"盐"（影响社会，造福人群）为行动，并以联络印华基联区联会、国内外华人教会机构、信徒共挑社会关怀为使命。日常社会服务范围涵盖了赈灾善后、医疗救助、教育帮扶等众多领域，主要资金来源包括国内外华人教会、个人、团

---

① 天主教主徒会马来西亚会省光仁服务中心，https://www.cddmalaysia.com/%e5%85%89%e4%bb%81%e6%9c%8d%e5%8a%a1%e4%b8%ad%e5%bf%83/。
② 诗巫卫理福儿院，http://www.sarawakmethodist.org/%e8%af%97%e5%b7%ab%e5%8d%ab%e7%90%86%e7%a6%8f%e5%84%bf%e9%99%a2/?doing_wp_cron=15949560 94.0276548862457275390625。

体及其他基金会的捐赠。① 自 2004 年起，该机构在亚齐省（Aceh）地震海啸、尼亚斯岛（Nias）地震、日惹（Yogyakarta）及巴东（Kabupaten Badung）地震、2007 年雅加达洪灾、2008 年明古鲁（Bengkulu）地震等灾后开展了一系列赈灾、慈善及义诊等福利施予活动，不仅得到印尼国内社会公众的广泛肯定，而且与中国福建省长泰县等地侨联组织和基督教会保持着友好合作。

总之，依托华人家庭纽带、信仰文化纽带和社会经济纽带，东南亚华人基督宗教社团呈现出专业性和机制化的组织发展模式，其信众志工化、治理企业化、行动入世化等特征更加显著，从而拥有更为突出的管理创新能力、资源配置能力、宣教传播能力和社会动员能力，这与传统华人佛教社团或道教社团注重信徒个人修为的"出世"风格形成了鲜明对比。表 6 展示了代表性东南亚华人基督宗教社团发展概况。

表 6 代表性东南亚华人基督宗教社团发展概况

社团名称	初创时间	宗旨使命	现任首领	发展概况	附设机构
新加坡圣公会	1826 年	华文部使命包括："配合教区关注华文堂会的发展；凝聚教区华文堂会牧者及传道；与友宗的搭配及海外交流；照顾弱小的堂会。"	主教为章剑文牧师	1909 年成立新加坡教区，1996 年成立由古晋教区、沙巴教区、新加坡教区和西马教区组成的东南亚教省	圣安德烈教堂、圣马太堂、善牧堂、圣三一堂、真光堂；圣公会中学；圣安德烈教会医院、圣公会福利协会

---

① 印尼华人基督教联合会社会关怀部，https://pgti.co.id/page/5/-bidang-kepedulian-sosial。

续表

社团名称	初创时间	宗旨使命	现任首领	发展概况	附设机构
新加坡华文基督教联合会	1931年	"本会以遵从基督合而为一之宝训,联合本国各宗赞同本会信仰立场之华文基督教会及基督教机构,宣扬福音,促进有关基督教事工及推广公益慈善事业为宗旨。"	会长为谭国华牧师	其下囊括31个堂和16个其他机构单位	新加坡华人基督教怀恩堂、新加坡神学院、中国信徒布道会
新加坡基督教长老会	1862年	"使新加坡的长老宗教会联合起来,以自我管理、独立自足和自身见证的精神来传扬基督的教义、基督徒的生命方式和在世上拓展上帝的国度。"	中会会正为张武昭牧师	1992年成立华文中会,现有牧师和传道近百名。覆盖新加坡市区、碧山/后港、樟宜/东海岸等堂会分支	长老会荣耀堂、禧年堂;三一神学院、长老会中学、培华长老会小学;"新加坡拒毒会"
天主教新加坡总教区	1821年	—	总主教为吴成才神父	2006年教区分为五区,有27个堂区、30座圣堂、1座修道院、慈善机构18所、教育机构52所	善牧主教座堂、圣伯多禄圣保禄堂、新加坡公教中学;《海星报》;天主教"守礼社"

续表

社团名称	初创时间	宗旨使命	现任首领	发展概况	附设机构
印尼华人基督教联合会	1998年	"同心合一，广传福音，一齐增长，彰显主爱"	总主席为叶舜如	其下囊括各地500余个华人基督教会等机构，已发展为该国九大基督教组织之一	印尼基督耶稣教会国语堂、印尼"光盐基金会"、印尼基督教学校
马来西亚基督教卫理公会华人年议会	—	—	会长为郭汉成牧师	覆盖北部、中部、南部、东部、近打、曼融等十余个教区	卫理儿童之家、残障关怀事工
马来西亚基督教卫理公会砂拉越华人年议会	1959年	—	会长为池金代牧师	20世纪80年代起启动海外宣教事务；2011年起覆盖诗巫、古晋、加帛、美里等九个教区	《卫理报》社、诗巫卫理神学院、诗巫卫理福儿院
马来西亚基督教青年协会	1999年	"青年合一、贡献国家，联系华社、提升青年，服侍教会、使命宣教"	—	已成为该国青年和体育部的成员之一，也是华青组织八大成员之一	—

续表

社团名称	初创时间	宗旨使命	现任首领	发展概况	附设机构
天主教马尼拉总教区	1595年	—	主教团主席为保禄·维基里奥·达味主教	下辖九个教区；2004年有教友近272万名，由475名司铎名管理85个堂区	圣伯多禄堂、马尼拉崇德堂、哪呀市华侨天主堂；马尼拉天主教崇德学校
泰国基督教总会	—	—	—	下辖7区和12区为华人华侨教会区会，7区区会以长老会为主，信徒数量约8000人；12区区会以浸信会为主，信徒数量约12 000人	曼谷华人基督教浸信会心联堂、浸信会怀恩堂、恩友堂、圣光堂长老会黄桥堂、沙吞堂
天主教胡志明市总教区	1844年	—	总主教为范明敏枢机	1960年升为西贡总教区，1976年改名为胡志明市总教区	圣方济各华人天主堂
缅甸仰光基督教卫理公会	—	—	—	—	缅甸仰光基督教卫理公会国语堂、金边基督教会恩典堂

资料来源：表格为作者自制。

第五章　东南亚华人基督宗教社团的信仰文化与叠合认同

在人类历史发展过程中，不同文化的接触与互动一直持续进行着，由于海外移民穿越国家疆界日益频繁，族群认同便更趋向多层次与多元化。斯蒂芬·卡斯尔斯（Stephen Castles）和马克·米勒（Mark J. Miller）曾经指出："20世纪后半叶的移民在许多国家已经导致了文化多样性的增强和新族群的形成。"① 而经由接触与互动所产生的文化现象，也受到人类学者的广泛关注，早期美国人类学者较常用涵化（acculturation）、同化（assimilation）概念，英国人类学界则习惯用文化接触（cultural contact）探讨这个过程。海外华侨华人普遍面临着国家、文化、民族、宗教等多重身份认同再建构的挑战，中国台湾地区知名学者李亦园先生便较早关注了移民海外的中国人在移民地的"文化调适"问题，他认为，"从文化人类学的观点看，世界各地的华侨社会简直都是'中国文化试管'，这些试管都或多或少提供中国文化在若干新'变项'下的'函数关系'，因而使研究中国文化的人更能深入

---

① Stephen Castles and Mark J. Miller, *The Age of Migration: International Population Movement in the Modern World*, New York: The Guilford Press, 1998, p. 212.

地了解其属性。"① 有鉴于此,当进行移民尤其是跨境跨国移民课题的研究时,既要考察看得见的人的移动,亦要关注看不见的文化的移动。换言之,应积极关注因移民而产生的文化传播、互动、移植乃至创新,并深入探究不同文化形态对于人类文明、历史进程、区域整合和国家发展的重要意义。既然华人移民跟宗教文化本就是一个有机的关联,那么从宗教文化的角度来看,对于海外华人宗教社团神学思想、教规教理、仪式戒律、节日习俗等内容的探讨便成为一个切入点。

由于近代西方殖民扩张和"炮舰外交"的历史影响,以及新中国"无神论"教育的不断深入,许多中国民众出于历史情结和民族情感而将基督宗教视为一种"洋教"②,一些华侨华人也对基督宗教机构、人士与经典产生过某种程度的抵触排斥,中华传统文化与基督宗教文化之间的差异分歧乃至矛盾冲突,势必成为影响海外华人基督宗教发展的关键因素。早在17—18世纪,华人礼制与天主教教义之间曾掀起一场著名的"中国礼仪之争",其焦点之一便是决定皈依天主教的中国人是否能够继续传统的祭祀礼仪,当时教廷以这些礼仪违反了天主教基本教义而对其采取了禁止立场③,此后海外华人信徒的祖先敬拜礼俗便一直与基督宗教崇尚的一神信仰存在严重分歧。1939年,梵蒂冈方面开始重新审视该课题,并在"梵二会议"上正式认可了祭拜祖先、民族英雄和战争亡魂等事宜,其理由是此种宗教性的祭祖活动在历经数百年后已经成为了世俗性活动,教廷颁布的"众所周知"(Plane Compertum Est)通谕被视为亚洲儒家文化圈内天主教徒的"解放宣言"。19世纪末期,新加坡儒学运动发起人林文庆等还与基督教传教

---

① 李亦园:《东南亚华侨的本土运动》,载李亦园:《李亦园自选集》,上海:上海教育出版社,2002年版,第136页。
② Fenggang Yang, "ABC and XYZ: Religious, Ethnic and Racial Identities of the New Second Generation Chinese in Christian Churches", *Amerasia Journal*, Vol. 25, No. 1, 1999, pp. 89–114. Fenggang Yang, "Chinese Conversion to Evangelical Christianity: The Importance of Social and Cultural Contexts", *Sociology of Religion*, Vol. 59, No. 3, 1998, p. 251.
③ 吴莉苇:《中国礼仪之争:文明的张力与权力的较量》,上海:上海古籍出版社,2007年版,第5—23页。

士之间进行过长达十余年的论战。此外，从核心理念层面来看，基督宗教教义与中国传统的儒家文化本身便存在着显著差异，有些精神内核甚至是相互对立的，如儒家文化宣扬"人之初，性本善"，而基督宗教则认为人一出生便带着原罪。通过对儒教和清教进行对比研究，马克思·韦伯也认为儒教伦理阻碍了中国资本主义的产生和发展。[1] 因此，"如何在具体而复杂的历史过程中实现基督教普世理想与华人文化身份认同之间的平衡，是海外华人基督教族群面对的现实问题，也是研究基督教与中华文化相适应的重要课题。"[2] 换言之，基督宗教是否能够自觉主动地适应深厚的中华传统文化底蕴和虔诚的宗教信仰体系，以及是否能够处理好与当地各类传统文化及主流宗教信仰体系的关系，已经成为影响东南亚华人基督宗教在该地区传播和发展的根本性因素，对此类相关议题的深入研究，也有助于进一步探究海外华人宗教信仰及其仪式实践的社会内涵与文化逻辑。

第一节　东南亚华人基督宗教信仰的包容性与实用性

事实上，"逢庙烧香、遇神磕头"的实用主义信仰模式与海外华人置身异国他乡的外部处境不无关系，其内核也与中国长久以来"信鬼神，重淫祀"的人文传统和现世取向一脉相承。受此影响，东南亚华人的宗教信仰选择也呈现出显著的实用性或功利性。[3] 与此同时，这造就了海外华侨华人温和、包容、谦逊、忍让的精神特质，其中蕴涵的道德理想和行为准则不仅有助于华人族群融入当地社会并发挥积极作用，而且有助于迎合所在国政府倡导的宗教和谐、种族和睦、国家和平等施政理念。

---

[1] 马克思·韦伯著，王容芬译：《儒教与道教》，北京：商务印书馆，2004年版，第263页。
[2] 朱峰：《基督教与海外华人的文化适应——近现代东南亚华人移民社区的个案研究》，北京：中华书局，2009年版，第194页。
[3] 郑一省：《东南亚华人的社会文化情况初探》，载《世界民族》，2008年第2期，第33页。

第五章　东南亚华人基督宗教社团的信仰文化与叠合认同

尽管东西方宗教文化的历史渊源和意识形态差异明显，但东南亚华人基督宗教信众却能与华人传统宗教信众相互尊重和包容，基本保持着与其他宗教派别的和平相处。值得关注的是，东南亚华人基督宗教信徒的一神崇拜特征并不明显，而是兼容了传统宗教、民间信仰，以及祖先崇拜等各类形式于一身的复杂系统；多神共祀已经成为东南亚华侨华人宗教组织和神缘社团的典型特点。例如：早在1954年，全世界的天主教代表便在菲律宾举行祈祷大会，教皇特封妈祖为天主教七圣母之一，并隆重地为妈祖加冠，菲律宾描东岸市（Batangas）妈祖庙所供奉的妈祖也成为一尊全然天主教服饰的神像。[①] 时至今日，不论在马尼拉的王彬街还是在描东岸的华人聚集地区，每一个店头入口处的斜对角都设有神龛，摆设情形也和中国台湾类似。不同的是，除了最常见的福德正神和财神外，华人还会将圣母玛利亚像、十字架、以及在菲律宾几乎随处可见的Sto. Nifio雕像放在神龛上。[②] 菲律宾华人既信奉菲律宾主流社会的天主教、基督教，同时也崇拜中国传统的佛教、道教，多种宗教信仰兼容并存的现象在菲律宾华人社会中相当普遍。[③] 菲律宾华人社会寺庙当中普遍供奉各类宗教神像，如大千寺便同时供奉着耶稣、穆罕默德、观音、关帝、玉皇大帝、玄天上帝等60余尊神明。一位当地的华人女教师曾经这样生动描述："我的丈夫是一位基督教浸礼会教徒，我的孩子是天主教徒，我是一个无神论者……我的父亲经常对来自家乡的神明顶礼膜拜，其中主要是关公。当我母亲来到马尼拉时，我也偶尔陪她去仙沓古律士的教堂。但是，我不喜欢蜡烛的气味，然而当我们纪念祖父的生辰和忌日时，我不得不点燃蜡

[①] 李天锡：《华侨华人民间信仰的特点及其前景》，载《世界宗教研究》，1999年第1期，第116页。

[②] 赵树冈：《族群互动的历史隐喻：菲律宾南吕宋岛的凯萨赛圣母》，载《开放时代》，2013年第2期，第137页。

[③] 陈衍德：《试论菲华社会的宗教融合》，载《世界宗教研究》，1995年第1期，第132—134页；聂德宁：《东南亚华人的宗教信仰》，载《中国社会科学报》，2014年3月19日，第A07版。

烛,他已去世多年了。"① 问题的关键是,"不同质的信仰会不时引起个人内心矛盾、冲突、焦虑甚至痛苦,但也有调适与和谐。双重身份集于一身,不妨碍他成为一个基督教徒,也不妨碍他成为儒家文化的继承者。"② 这种特征在许多印尼华人家庭当中也体现得相当明显:年轻一代已经深受基督宗教和伊斯兰教等信仰的影响,而其父母则仍保持着传统信仰、民间信仰或祖先崇拜,家庭成员分属不同宗教和信仰随意转换的现象较为普遍。作为一种在亚文化环境中成长起来的新兴移民宗教,东南亚华人基督宗教所面对的是要将"洋教"移植到中国传统文化和"异域"文化的多重处境,这正是海外华人移民信仰复杂性和独特性之所在。就教规、教仪、圣事、节庆等具体活动安排而言,东南亚华人基督宗教社团并未形成一整套严格周密的神学信仰体系,其始终致力于保持"移出地"和"移居地"宗教文化与身份认同的平衡,基督宗教实现了与中华传统信仰、东南亚当地传统宗教等各类神学体系的兼容调试,儒家文化与基督文化在东南亚地区均经历了一个在地化的过程,从而呈现出显著的适应性和持续的生命力。

第二节　对于中华传统文化的传承与创新

20世纪30—50年代,西方学术界曾提出所谓"中华文化持续论"(Cultural Persistence Theory),强调中华文明体系的源远流长特性,认为海外华人将在当地长期保持自身社会文化模式,因此争取华人文化认同便成为提升海外华人凝聚力和中华文化向心力的客观需要和可行路径。"从本质上来说,以东南亚华人社团为代表的海外华人社团凝聚力的松散或紧密程度在于其能否在思想和价值层面形成一条坚固牢靠

---

① 陈衍德:《现代中的传统——菲律宾华人社会研究》,厦门:厦门大学出版社,1998年版,第218页。
② 张禹东:《试论东南亚华人宗教的基本特质》,载《华侨华人历史研究》,1997年第S1期,第27页。

的文化精神纽带。而中华文化的传播效应就是海外华人社团凝聚和团结海外华人群体的核心要素。"①

根据一般认知,海外华人群体在皈依基督宗教之后,其传统信仰、主流价值、社会习俗、日常行为等均会从原生地文化生态当中完整地剥离出来,并呈现出典型的西方基督宗教色彩或移居地宗教色彩。然而,从东南亚华人基督宗教传播和发展的实际进程来看,华人移民认知和理解的基督宗教教规教义总带有自身文化的痕迹;依托海外华人信徒这一特殊的跨区域和跨文化群体,中华传统文化因子面对基督宗教文化展现出极强的包容性和调适性,从而在群体意识、人际关系、心理风习、思维方式等方面体现出浓厚的民族宗教色彩,这有助于促进中华文化和宗教信仰在东南亚非华族和非基督信众当中的传播。例如:"在马来西亚华人历史上,'芭芭'和'娘惹'不会说华文但却保留着传统的中华文化习俗,那些不尊崇民间信仰而改信天主教、基督教、伊斯兰教的人却依然说华文;那些更愿意以英语为媒介语言的年轻一代,也许不再坚守传统文化习俗和信仰,甚至很少参加庙宇乡团组织的活动,却在他们的行为方式和态度观念上依然不放弃孝道、人情、面子、勤俭、报答、秩序、中庸、和睦、分享等中华文化价值观念。"②

作为博大精深中华文化的重要构成,社会习俗成为海外华侨华人凝聚情感与文化认同的有效载体,东南亚华人基督宗教信徒也依旧保留着春节、中秋节、端午节、重阳节、清明节等节庆传统,以及崇拜祖先、祭祀逝者、保守生活等社会习俗。例如:马来西亚华人天主教徒和基督教徒十分注重保持包括春节在内的各项中华传统,当地教堂在大年初一会正常开放,供华人基督宗教信徒举办弥撒等仪式,甚至

---

① 朱锦程:《21世纪东南亚海上丝绸之路文化传播与海外华人文化认同研究》,载《福建论坛》(人文社会科学版),2017年第8期,第182页。
② 杨宜音:《文化认同的独立性和动力性:以马来西亚汉人文化认同的演进与创新为例》,提交给"第四届海外华人国际学术研讨会"的论文,台北,"中央"研究院,2001年4月26—28日,第129页。

允许华人舞狮队到教堂演出，以期向当地社会传达兴旺发达之意。①2010年农历初一适逢主日，马来西亚各地许多天主教堂以农历新年为布置主题。在槟城教区的圣神主教座堂，出现了红色祭台布、中式灯笼，以及摆放着鲜花、水果和线香的传统祭祖祭台。2月13日除夕当天，圣堂安排了舞狮来欢迎主礼神父进堂。在弥撒中，神父在祭台前跪下献线香，然后将祝圣柳橙（寓意"丰盛"）派发给教友，并向儿童分发红包，弥撒结束前，神父及信众向天主三叩首。55岁的吴若瑟（Joseph Ng）说："很高兴华人教友能保留传统文化。我们只是向先人表达敬意，不是向他们祈祷。很多人不明白线香的作用，认为不是基督宗教的用品，但线香其实只是用香料制作的枝条。"传道员如玛利（Mary Joo）认同所有礼仪都有基督宗教意义，并支持其获得教会认可。亨利·拉如（Henry Rajoo）神父解释，教宗比约十二世于1939年批准在弥撒中沿用各地的传统祭祖仪式。教廷万民福音部指出，华人传统的祭祖仪式不再被视为迷信，准许天主教徒采用。礼仪专家谢福华（Michael Cheah）神父说："把传统文化融入信徒生活是合理的。"十诫中有一条是孝敬父母。槟城教区华语教务协进会主席钟若瑟（Joseph Chung）表示，对华裔教友来说，农历新年是最重要的节日，故藉此机会向先人致敬。②在马来西亚怡保地区的天主教圣米高教堂，每年举行的农历除夕与新春弥撒仪式上均会专设"祭祖礼"环节，以期延续华人自古以来的社会文化习俗。此时，教堂会将一张铺上红布的小桌子放在祭台前，再将香炉、红蜡、柑橘、年糕、茶水等祭品摆在先祖灵位牌前。当三对象征着三代同堂的老中青教友向写有"诸天神圣列祖列宗"的先祖灵位牌行献香、献酒、献水果礼后，站在后方的神父便会代领全体教友一起双手合十向祖先行三鞠躬礼，象征思慕与敬爱祖先之意。接着，教友们则会向神父行鞠躬礼贺新年，感谢其对自己不

---

① 《马来西亚华人的新年迎春》，http://www.gxnews.com.cn/staticpages/20060104/newgx43bb19bb-532047.shtml。

② 《马来西亚：华人举行庆祝春节弥撒》，https://www.xinde.org/show/13816。

辞劳苦的开导、训诲、帮助和鼓励。最后,教友们会向彼此一鞠躬以表示新年祝贺,感谢对方的容忍、精诚团结、相亲相爱。如此,整个祭祖礼才算完成。①

无独有偶,在距印尼首都雅加达西北800余千米、毗邻新加坡国境的廖内群岛省府丹戎槟榔市宾坦岛,当地许多天主教堂均沿袭了庆祝中国农历春节的传统。尽管在这一以伊斯兰教信徒为主的东盟国家,有华人血统的印尼公民属于少数族群,但每次庆典均能吸引大量印尼华侨和当地民众参与其中。例如:为了增添节日气氛和本土特色,在2007年丁亥年农历大年初一举行的新春弥撒当中,童贞圣母无玷圣心堂的祭台周围便树立了三根一米高、用红布包裹的香烛,两旁则放置两棵用塑料制成、挂着红包的橘子树,还专门用100个大红灯笼装饰圣堂。在神父和辅祭步入圣堂之后,近千名参礼教友,包括200名印尼华侨,纷纷用华语相互祝福"恭喜发财、感谢天主",并用闽南话向神父拜年。尽管弥撒仍用印尼语举行,但本地华侨教友在弥撒结束时,却会一起以华语咏唱《恭喜恭喜》及《贺新年》等新年传统歌曲。②

此外,马来西亚一位张姓新郎别出心裁地秉承华族古时传统迎娶新娘,他专门定制了迎亲花轿、举牌和礼服,由八位兄弟轮流抬轿,在众亲朋好友的陪同和传统唢呐乐曲的见证下,浩浩荡荡步行数百尺到新娘住处迎亲,新奇一幕引得路人纷纷驻足观看拍照。据称,新郎的灵感源自数年前赴中国旅行时的一次婚礼见闻与别样体验,新娘父母亦对新郎此举大加赞同。其父表示,尽管新郎是基督徒,但宗教与族群文化毕竟是两回事,身为华裔,应该秉承固有的传统习俗。③ 对于许多已取得菲律宾国籍的华裔而言,尽管其婚礼举办地往往会选择在

---

① 郑宇琪:《天主教与怡保华人社群的关系——以怡保圣米高天主堂为例》,马来西亚拉曼大学学士(荣誉)论文,2015年11月,第81页。
② 《印度尼西亚教会以中国传统习俗庆祝农历新年》,https://www.chinacatholic.org/show/6482。
③ 《马来西亚一华人基督徒举办传统中式婚礼 抬轿子迎亲》,http://www.chinanews.com/hr/2014/05-05/6131720.shtml。

天主教堂，但仪式结束后仍然会到华人餐馆宴请亲朋好友，并会专门回到家中祭拜祖宗。由此可见，这种汲取了中华文化要素的宗教仪式在情感上更容易与华人移民亲近，在心理需要和利益诉求得以回应的基础之上，进而使他们产生了一种的族群归属感。

除此之外，东南亚华人基督信众向来重视丧葬礼俗，其对于中华传统丧葬文化表现出强烈的认同感。2003年年初，一本专门介绍华人独有族裔渊源的殡葬礼仪手册在印尼问世，并开始在印尼华裔天主教教友当中发行传阅。这本印尼语手册同时以英文编撰，全名为《向亡者致以最后敬礼及纪念崇拜仪式：以中国文化为基础的天主教仪式》，全书共分五章，156 页。① 而在对印尼棉兰地区的华人社团进行案例研究时，学者杨宏云也发现，"从挽救民族文化的立场出发，棉兰华人的文化传承活动也进行了改革，他们开始在提取中华传统文化精华的基础上融合当地文化、西方文化，从而建构具有自己民族特色的中华文化。如笔者观察的一家基督信仰华人家庭，也在清明节之际折纸钱准备祭祖用。"② 与此类似，新加坡华人教会并不反对华人基督徒在家中为纪念祖先而设遗照，但目的应是纪念祖先，或者让后代知道先祖的身份，并未涉及焚香和献祭等祭拜习俗，清明节到祖坟扫墓时也一般只是献上鲜花。③ 由此可见，华人基督宗教信徒在东南亚对基督宗教信仰与家国故土情感的持守，既明确体现了深耕于中国千年传统文化的宗教实践形态，又充分展现出这一特殊群体对于原居地文化身份的归属和忠诚，这对于推进中华文化传统的"再华化"发挥着至关重要的作用。

---

① 《华式葬礼手册在印尼面世》，https://www.xinde.org/show/1298。
② 杨宏云：《当代印度尼西亚棉兰华社发展的新态势——基于华人社团与社团领袖的考察》，载《东南亚纵横》，2015 年第 4 期，第 62 页。
③ 张钟鑫：《近代新加坡华人基督教研究（1819—1949）》，福州：福建人民出版社，2015 年版，第 120 页。

第三节　对于基督宗教文化的吸纳与调试

作为传统意义上的世界性宗教，基督教本身便拥有丰富的宗教传统、典籍和思想，其理性层面的观念因素尤其表现为相对完整的教规教义体系。而作为基督宗教世界体系的重要组成部分，东南亚华人基督宗教在传播和发展的过程当中充分吸纳了西方基督宗教的核心教规教义。例如：自1567年隆庆开关后，成千上万的福建人从泉州和漳州等地漂洋过海，并且开始在菲律宾马尼拉要塞附近的帕里安（Parian）不断聚集。一位名为胡安·科博（Juan Cobo）的多明我会传教士正是在福建文人的帮助下获取了福建的相关知识，并用文言文著成了《万能真神实录》。该书将上帝塑造为万物的创造者，并记录了传教士如何将基督教教义与自然科学糅合在一起。《万能真神实录》仅有一份副本留存至今，现珍藏在西班牙马德里的国家图书馆。此外，当地华人与西班牙传教士之间的互动还表现在其他方面。例如：1593年，一位华人印刷了用西班牙语和他加禄语写成的《基督教教义》（*Doctrina Christiana*）。另外，科博在其宣教的材料中创造性地融入了一些动物故事。在这些故事中，他将自然规律与上帝的创造性糅合在一起，不同动物在食物链中的关系被视为上帝造物的神奇体现。① 又如：在西班牙统治时期，尽管菲律宾的天主教正信者相对有限，但已经有不少华人将耶稣或天主教的圣者（saints）比作中国传统宗教的神明。历史学者魏安国（Wickberg Edgar）即指出，菲律宾华人将圣地亚哥圣者（St. Santiago）比作关帝，将安智波洛圣母（Virgin of Antipolo）比作妈祖，并发展成当地华人社会普遍的信仰。基督宗教标签式的罪感文化和反抗性的教权文化，对于神秘保守的东南亚华人而言具有显著的吸引力。1762年英军进攻马尼拉时，华人也以天主教圣者为号召，企图藉此结

---

① 《互动与皈依：东南亚华人信仰体系构建中的三个历史时刻》，https://new.qq.com/omn/20200118/20200118A0ALGI00.html。

合群众,与英军里应外合,伺机推翻西班牙的统治。这种传统一直持续到今日,吕宋岛南部描东岸省和明多罗岛一带华人迄今仍将凯萨赛圣母(Virgin of Caysasay)视为妈祖。①

  受此影响,多数东南亚华人均尊崇儒家文化的一些核心价值观,如勤奋、节俭、谦虚、重视成就、生活保守等;而新教伦理虽积极建立人神契约且忽视现世,但也要求基督徒"取得血液和事业的成功,荣耀上帝""节俭,任何东西都是上帝给的,所以要珍惜上帝的财产""克制,不酗酒、淫乱"。此外,基督宗教的基本价值观是倡导"爱、光、圣、义",这些理念无疑是超越族群、政治、阶级、年龄和性别的。两种价值观的相似性、开放性和契合性使得东南亚华人比较容易接受基督宗教教义,这既有助于对华人信徒进行道德上的约束和规范,又有助于促进华侨华人社会的和谐稳定。事实上,东南亚华人不仅是西方基督宗教文化的认知客体,还积极对基督宗教教规教义等进行接纳调试,并尝试参照时代背景和受众特点将其进行合理转化。例如:尽管菲律宾的基督新教明确反对华人传统的祖先崇拜,但却对一些并不违背《圣经》原则的教规教义进行了情境置换和内涵调试,如华人基督徒也常用月饼庆祝中秋节,但月圆团聚却被赋予了耶稣的旨意,而非依托中国传统文化中的嫦娥等固有形象。又如:新加坡华人基督徒在新年来临之际也会进行大扫除,意在原谅与赦免他人的罪恶,清理家里与自身对于他人的不善之意;新年时华人基督徒家庭也都会张贴春联,但此举并不认为有任何力量,且联上的字句都来自《圣经》。此外,新加坡华人基督徒在新年和冬至时也有吃汤圆的习俗,意在于感谢过去一年里上帝给予的祝福。再如:为适应现代社会的需要,此类社团在日常活动中还积极倡议剔除焚烧冥纸和香烛等迷信色彩浓厚的祭祀仪式,持续推动宗教庆典的环保化、简约化和理性化。因此,就东南亚华人及其社团对于基督宗教的吸纳和调试进程而言,其显然

---

  ① 赵树冈:《族群互动的历史隐喻:菲律宾南吕宋岛的凯萨赛圣母》,载《开放时代》,2013年第2期,第131页。

不同于海外华侨华人在美欧等地区通过基督宗教实现由民族聚居走向同化的融合模式，这反映了宗教与移民的全球化和多向性发展趋势，而非西方强势文化对中国宗教社会的单向渗透。

第四节　对于东南亚当地文化的汲取与转化

自20世纪50年代起，华人同化论（Assimilation Theory）在国外学术界蔚然成风，自然同化与强制同化两种思路更是引起东南亚国家政府的广泛关注。"由于东南亚特殊的历史背景，以及在这个背景下形成的复杂社会文化，当我们面对东南亚地区如何被吸纳入世界资本主义的过程，以及当地四百多年来的社会文化变迁，势必要将华人放在当地文化脉络下思考，也必须透过当地的社会文化特质才能得以了解华人社会的发展与变迁。"① 东南亚地区文化本身便具有典型的多元多维特征，其中宗教文化底蕴丰富，成为区域社会信仰力量的重要支撑，亦为世人留下了丰富的历史文化遗产，中国与东南亚宗教文化的互动更可谓源远流长。对于东南亚地区而言，中华传统文化与基督宗教文化均属于外来的文化体系，也均面临着在东南亚不同移居地的社会历史脉络下进行在地化的现实选择。

如前所述，伴随着新中国侨务政策的调整，以及东南亚国家纷纷实现民族解放与主权独立，当地华侨文化开始逐渐向华人文化演化过渡。"20世纪中叶以来，随着华侨社会向华人社会的转变，华侨文化也逐渐向华人文化过渡，新形成的华人文化成了一种日渐摆脱以中国为中心的文化，成为一种当地的少数民族文化，一种以中华传统文化为主体并融合西方文化和当地文化而形成的文化。这种文化的取代是一种渐进的过程，直至20世纪八九十年代，仍处于不断的融合变化过程之中；客观上存在着华侨华人传统文化变化的趋势和继承的趋势，

---

① 赵树冈：《族群互动的历史隐喻：菲律宾南吕宋岛的凯萨赛圣母》，载《开放时代》，2013年第2期，第133页。

二者同时存在，交合发展。"① 就东南亚华人宗教社团而言，在保留中华文化传统和基督宗教特质的同时，华人基督宗教信仰还与东南亚当地的原居民文化等因子不断地融合、涵化乃至创新，传统节庆、宗旨理念、实践活动等元素内容和呈现形式在新的时空情境下已经发生转变，本土化的基督宗教发展模式已经从中国国内随着移民移植到了东南亚地区。有学者认为，华人移民宗教构成了移民潮的重要动力而非宗教本身，就历史悠久的东南亚华人移民潮而言，华人信众便为当地生机勃勃的佛教文化和基督宗教文化注入了活力，移民宗教当中的融合路径（syncretic approach）尤为显著，中国传统宗教便能够与基督宗教和佛教相互融合。② 事实上，这正是中华传统文化兼收并蓄核心精神的典型体现，既凸显了东南亚华侨华人的在地化和现代性特征，又促进了西方基督宗教信仰与住在国社会的深度融入，从而有助于丰富海外华人信仰体系的融合内涵和开放外延，这些融合了东南亚地区文化传统的宗教价值体系逐渐成为当今东盟国家民族文化的重要组成部分。

  例如：基于对西班牙殖民时代菲律宾华人天主教徒信仰生活的历史考察，吕俊昌的研究便发现，"如果认为天主教会的传教彻底改变了华人的文化与信仰是不准确的。相对而言，混血儿的天主教化程度更深，这也是他们本地化的表现。"③ 与此类似的是，尽管泰国拥有华人血统者多达两千万，但由于华文教育曾被泰国当局限制有 40 年之久，因此多数二代和三代华人已被泰国文化同化，不少华人教会也由此转型为泰语教会。④ 又如：印尼基督教联合会（PGI）前主席、印尼基督教教会（GKI）教师纳丹·瑟地阿布迪（中文名陈忠炎）在其博士论

---

  ① 谭天星：《变异与继承——谈从"华侨文化"到"华人文化"的发展》，载《华侨华人历史研究》，1996 年第 1 期，第 15—16 页。
  ② Vegard Skirbekk, et al. "The Religious Composition of the Chinese Diaspora, Focusing on Canada", *Journal for the Scientific Study of Religion*, Vol. 51, No. 1, 2012, p. 174.
  ③ 吕俊昌：《西班牙殖民时代菲律宾华人天主教徒的信仰生活刍议》，载《世界宗教文化》，2017 年第 1 期，第 133 页。
  ④ 《泰国华人教会简史》，http://www.pacilution.com/ShowArticle.asp?ArticleID=10069。

文《印尼基督教教会中的少数群体华人基督徒：社会学与神学分析》当中，曾对印尼基督教联合会等社团进行了案例研究，并认为"华人特性""印尼民族性""荷兰加尔文主义"三大因素共同构成了印尼华人基督教发展的动力，这也是印尼华人基督宗教社团与当地文化现实相互碰撞的结果。① 具体来看，尽管1926年到1930年期间在爪哇地区曾经成立了一个独立的华人基督教组织——中华基督教理事会，但此后该社团便开始致力于教会的本土化和印尼化，其名称由"中华基督教会"（Tiong Hoa Kie Tok Kauw Hwee，THKTKH）转变为"印尼基督教会"（Gereja Kristen Indonesia），并使用马来语或印尼语作为教会工作语言，这证明该社团组织与印尼文化实现了充分的融合。此外，当代印尼华人基督宗教信众的节庆习俗也在一定程度上融合了当地风俗习惯，在位于爪哇岛中部的三宝垄市，华人基督徒、永光企业创办人张克顺介绍说："这里华人不燃放烟花和鞭炮，主要是尊重印尼其他友族的习俗，也是出于环保安全考虑。……但我个人还是认为过节以简朴为好，因为勤俭持家节约乃是吾中华民族的传统美德！"②

第五节　华人基督宗教社团领袖和精英思想简析

宗教社团领袖是宗教神学体系的传承者、践行者和创新者，具有显著的领袖气质和人格魅力，对于宗教信众和基层民众往往拥有难以估量的吸引力和号召力。近年来，新媒体技术介质的快速发展进一步强化了宗教社团精英的这种公共领导力，为东南亚华人基督宗教领袖发挥"沟通上下、连结左右"的中枢角色创造了更为有利的条件。本节便节选数位东南亚地区代表性的华人基督宗教社团领袖，尝试结合

---

① 《四位华人基督徒的思索》，http://www.guojiribao.com/shtml/gjrb/20191008/1502184.shtml。
② 《印尼三宝垄华人张克顺过大年》，https://www.chinanews.com.cn/hr/2015/02-19/7073359.shtml。

生平简介与心路历程对其思想观念进行简要分析：

黄乃裳（Wong Nai Siong）：

原名久美（亦称九美、玖美），字绂丞，号慕华，近代著名知识分子、华侨移民领袖、社会活动家、民主革命家。1849年生于福建闽清一农户家庭，1866年受洗皈依基督教，并曾以福州方言翻译《旧约》、合译《美以美纲领》等教会读物，公开倡导文明、抵制愚昧。1869年，他考入福州基督教年议会，随即被派往福州东街福音堂担任教士。1873年被推举为美以美年议会书记，负责编辑年会录，并与牧者一同翻译《圣经图说》《卫斯理传》《哥林多注》等书籍，还用福州语翻译了妇孺也能识读的《旧约全书》。1874年起参与筹办福音、培元、英华三书院，并亲自任课。1875年开始担任外国传教士在福州创办的首份中文报纸——《郇山使者》月报编辑和主笔，曾经专门撰文详细介绍相关原理，力劝当地民众接种牛痘预防天花，并积极倡导闽江上下游各教会先行尝试。黄乃裳还与保灵（Rev. S. L. Baldwin）夫人合写《革除缠足论》五篇，揭露并抨击封建陋习残害妇女的罪恶，洋洋洒洒万余言，该文除登诸报端之外，还印成三万多张散发。[①] 因有感于教会当中缺乏具备重大影响力的文人学士等上流人才，黄乃裳决定通过传统科举仕途来广泛扩大基督教在中国的社会影响，于光绪十四年（1888年）中举，光绪二十三年（1897年）赴京会试后被举为拔贡。因其三弟黄乃模（曾任"致远舰"副管带）在甲午中日战争黄海海战当中以身殉国。黄乃裳在京期间结交康有为及"六君子"，积极参与"公车上书"运动，先后八次上书痛陈兴革。

戊戌变法失败之后，黄乃裳选择返回福州。念及晚清福建民生之凋敝，并为躲避封建统治集团之通缉，1899年，其携眷抵达新加坡寻觅移民之地，经女婿林文庆介绍赴砂拉越的拉让江流域考察，深感当地地旷人稀、地质膏腴。在闽南籍华人甲必丹王长水的引荐下，1900

---

① 詹冠群:《黄乃裳传》,福州:福建人民出版社,1992年版,第17页。

年，黄乃裳与砂拉越白人统治者查尔斯·布鲁克（Charles Brooke）签订条约，成立"新福州农垦场公司"，先后三次回福州、闽清、古田、闽侯、屏南、福清等地招募1118名垦荒者开发诗巫，其中基督信徒占到三分之二，所建垦殖区被命名为"新福州"，在此期间黄乃裳还倡议建立了五所教堂和一所小学。

1900年7月，黄乃裳在新加坡结识景仰已久的孙中山，在孙先生救国思想的指导和影响下，积极投身民主革命以拯救中国。1904年6月，在将垦场的管理事务托付给美国牧师富雅各（Rev. James Mathews Hoover）之后，黄乃裳离开诗巫转赴新加坡，与陈楚楠、张永福等交往密切，积极倡言革命，同年10月回国遍游潮州及漳州等地，联络革命志士，为潮州黄冈起义的组织者之一。1905年在厦门创办《福建日日新闻》（后更名为《福建日报》）。1906年正式加入中国同盟会。1910年任福州基督教青年会会长。这一时期黄乃裳还热衷推进福建教育事业：1907年回到故乡闽清后，倡议成立闽清教育会，并被推举为会长，在福州创立"简易师范学堂"。次年起，通过民间集资积极倡导在闽清各乡设高小、初小学堂34所，并以简易师范学堂毕业生为教师，缓解了该县师资和办学经费问题。1911年任福建英华、福音、培元三书院教务长，积极参与传授英文与科学等课程，着手编练学生炸弹队，为光复福建做准备。福建光复后，出任军政府交通司司长兼筹饷局总办，为缓解临时政府的财政困难，曾以个人名义通电南洋各埠请求捐助，得华侨汇款70多万元。1912年9月，决定募集资金筹建福州青年会会所，建筑面积达8156.4平方米，濒临福州闽江万寿桥畔，规模宏大，气派非凡，一度成为福州近代最早最大的一座大楼。1920年赴广州出任孙中山大元帅府高等顾问。1922年任福建省公署高等顾问。[①] 总之，"黄乃裳一生为中国革命与教会事业作出伟大的贡献，在福建地方史、华侨史、教会史乃至中国近代革命史，都占有重要的位

---

① 杨保筠主编：《华侨华人百科全书人物卷：人物卷》，北京：中国华侨出版社，2000年版，第214页。

置，亦给我们留下宝贵的精神财富。……黄乃裳用他基督徒一生的实践，演绎和诠释了人生、人格、人心的全部真谛，他点亮信仰生命，铸就时代辉煌，在人们心中树立了一座丰碑。"①

宋尚节（John Sung）：

1901年生于福建莆田，成长于当地信主家庭，其父是一所美以美会的教堂牧师，由于受到家庭教会和基督教复兴运动的深刻影响，宋尚节自幼便积极参与布道活动。1913年进入美以美会所办学校读书，中学时代便曾主领布道会，并对个人灵命拥有深刻剖析，由此获称"小牧师"和"小圣"。1920—1927年，宋尚节在传教士的资助下赴美求学，在俄亥俄州立大学取得了化学博士学位，后前往纽约协和神学院专攻神学。在此期间，他被基督教基要派和现代派之间的辩论所吸引，并受到福音音乐的深刻影响，特别是20世纪20年代，美国著名女传教士于尔丁·尤特莉（Uldine Utley）利用歌唱与演绎的方法传教，这给宋尚节留下了深刻印象，并促使其酝酿创立出一套新颖的传教方式。但需要补充的是，这段美国留学经历并未让宋尚节产生对西方传教士的亲近感。相反，他认为只有当西方传教士离开后，中国本土的教堂才能够获得进一步发展。

1927年11月回国之后，宋尚节开始在闽南、闽北、华东等地传教，尤其强调"十字架""悔罪""重生""宝血"等主题，被誉为中国的"受洗约翰"。1931年2月，其加入"伯特利布道团"（Bethel Worldwide Evangelistic Band），与计志文等人巡游全国各地举办奋兴布道会，足迹遍及百余城市，行程达2.5万多千米，先后带领十万余人归主。不久之后，宋尚节便声名远播至东南亚地区，1935年，应南洋华侨教会之邀，赴菲律宾、缅甸、越南、泰国、新加坡、马六甲、槟榔屿、苏门答腊等地主领奋兴布道会。这一时期的东南亚华人正经历着重重困难：在英属马来亚和荷属东印度群岛，当地排华浪潮激发了

---

① 邓灵勇、林恒珠：《点亮信仰生命 铸就时代辉煌——纪念华侨基督徒黄乃裳逝世九十周年》，载《天风》，2014年第10期，第40—41页。

华人日渐高涨的民族主义情绪，但华人也成为原住民民族主义情绪的发泄对象；全球经济大萧条让诸多矿山和种植园倒闭，殖民地对劳动力的需求也随之下降；殖民政府对华人移民严加控制，许多人面临着被驱逐出境的窘境。这些因素综合作用，导致当地华人教会损失了大批信徒，入不敷出、每况愈下，急需一道能拯救他们的曙光，宋尚节正是在这样的时代背景下被邀请到东南亚地区进行传教的。

具体来看，宋尚节的传教方式更近似一种"剧场式"的布道，尤其擅长以生动的"实物教材"和表演互动来阐释晦涩的教义。例如，他让观众背负一个小棺材，在棺材内放入象征原罪的石块，每承认一项罪过就放入一块石头直至观众无法站立；之后，他缓慢地将石头取出，用这一过程体现灵魂的净化与重生。后来为了便于巡回各地布道，他就做了一个小棺材道具放在胸前的口袋里。此外，宋尚节还能使用马来语或闽南方言演唱歌曲，这种戏剧化的传教方式流露着来自美国五旬节派和福音音乐的深刻影响。当地媒体纷纷报道宋尚节的传教活动，将他在当地掀起的热潮称作奇迹，认为他的布道给遭受苦难的华人群体提供了一个治愈的港湾。宋尚节的布道一定程度上弥合了东南亚华人间因方言不同而存在的裂隙。在他布道的"剧场"中，来自不同方言区的华人都能共享同一种神圣的情绪，一种共有的"华人"身份。也正是在这一过程中，宋尚节的宗教宣讲与当地华人日益高涨的民族主义情绪得到了有机的结合。此外，他强调皈依基督教与保留文化传统并不冲突，并鼓励华人教堂接纳更多的中华民俗传统，这一主张在英属马来亚与荷属东印度群岛受到了华社的欢迎。

郑聘廷（Tay Sek Tin）：

字席珍，别号石津（珍），清同治十一年（1872年）生于福建惠安。光绪十一年（1885年）起，在家乡基督教会学校就学，1888年接受基督教洗礼，光绪十五年（1890年）迁居厦门，在鼓浪屿基督教会学校学习，后在泰山和汀州基督教堂会任传道和牧师。光绪二十三年（1897年），他南渡马来西亚槟榔屿任圣公会传道，成为新马长老宗大会（Synod of the Singapore-Malaya Presbyterian Church）首任华人牧师，并在赴新加坡后竭力筹款建堂。1901年其倡议成立新加坡长老大会，1905年创建伯大尼堂，1908年创建实里达教会，1923年创建灵恩堂①，促进当地华人会友尤其是华人青年信徒人数与日俱增。

与此同时，郑聘廷依托教会创设报馆，组织书报社，加入同盟会，积极宣传革命，为孙中山先生领导的民主革命运动作出过重要贡献，成为新加坡华人教牧精英和华人社会精英的典型代表。1902年，郑聘廷正式创办"中华基督教青年会阅览室"，1905年，又将该阅览室改办为"星洲阅书报社"。该社以"开通民智，宣传主道"为使命，力邀陈楚楠、张永福、许苏我、胡汉民、黄乃裳等进步人士到社进行反封建演讲，也成为东南亚地区第一所华人书报社（Chinese Reading Room）。1906年，郑聘廷加入中国同盟会后，书报社进一步成为宣扬革命理念的重要场所，他还不顾外国牧师的反对，介绍有名望的信徒加入同盟会。1905年孙中山先生到新加坡时曾对该社价值大加褒奖。在此影响下，东南亚其他国家的华侨华人纷纷仿效组织书报社，仅新马、印尼、缅甸等地成立的各种书报社就超过150个，其中大部分均自称"书报社""读报社""阅报社"。1912年，时任临时大总统的孙中山先生特向"星洲书报社"颁发优等旌义状，文曰："星洲书报社于中华民国开国之始，宣扬大义，不遗余力，特颁予优等旌义状，奕代后民，永多厥义。此旌。"

除此之外，郑聘廷还热心社会公益事业。1906年，中国驻新加坡领事孙士鼎在新加坡试办戒烟（鸦片）所，遂请郑聘廷、谢巴原等人到领事馆协助劝导。戒烟所试办一个月后，郑聘廷邀请当地华侨知名人士聚会，募款组织建立"星洲振武善社戒烟所"，正式成立时定名"振武善社"，1932年又改名为"新加坡拒毒会"，对于推动当地华侨华人戒吸鸦片也起到了不可或缺的积极作用。尽管郑聘廷于1911年辞

---

① 张钟鑫：《近代新加坡华人基督教研究（1819—1949）》，福州：福建人民出版社，2015年版，第43页。

去牧师职务,开始从事橡胶种植业,出任林义顺橡胶种植园经理,但业余仍为教会服务。他还竭力推动文教建设,兴办教会学校,如发起创办新加坡中华女子学校。1920 年,郑聘廷独资设立奖学金,以培养华人传教人才。① 1921 年参与创办星洲幼儿园,1923 年参与创办俊源学校,并曾出任新加坡惠安公会第二届名誉会长。

周贤正:

早年曾就读于新加坡公教中学和圣公会中学,1970 年在南洋大学政治行政系荣誉班毕业,后供职于新加坡国防部和科学与工艺部。1982 年,他考获英国谢菲尔德大学神学博士学位,学成归国后担任专职神学讲师,后升任三一神学院第九任院长,并于 2000 年就任圣公会新加坡教区第八任主教,进而荣升东南亚教省第三任大主教。东南亚教省下辖西马、古晋、沙巴和新加坡四个教区,印尼、泰国、老挝、越南、柬埔寨的圣公会神职人员和信徒均属新加坡教区的管辖范围,整个东南亚教省的圣公会信徒多达 15—20 万人,新加坡成人信徒约 1.8 万人左右。②

作为新加坡首位出身于华文教会的主教,周贤正博士积极推动各教区之间的交流合作,以及联合圣经公会(UBS)事工开展,以期强化基督教在新加坡特别是华人群体当中的影响。值得一提的是,周博士所具有的华人背景使其对中国一直怀有深厚感情,自 20 世纪 90 年代起,他便开始推动东南亚教省圣公会信徒与中国基督教徒的友好交往。例如:周大主教曾于 2010 年 6 月 13 日亲赴北京崇文门堂参加主日崇拜并上台致词,③ 时任中国宗教局副局长蒋坚永、中国基督教三自爱国运动委员会主席傅先伟长老也应邀出席了 2012 年 9 月 28 日周主

---

① 杨保筠主编:《华侨华人百科全书人物卷:人物卷》,北京:中国华侨出版社,2000 年版,第 709 页。
② 刘金光:《叶小文局长访问新加坡 祝贺周贤正主教升座》,载《中国宗教》,2006 年第 2 期,第 22 页。
③ 《新加坡圣公会周贤正大主教访问北京崇文门堂》,https://www.gospeltimes.cn/index.php/portal/article/index/id/7185。

教的荣休典礼。蒋坚永高度评价了周主教在担任圣公会新加坡教区主教、东南亚教省大主教和基督教圣公会环南大会秘书长、主席期间，为促进中国教会与东南亚国家教会、非洲各国基督教会之间的友好交流所作的重要贡献。荣休之后，周大主教仍然尽心推动新加坡与中国、印尼、马来西亚、缅甸、越南等国的神学教育交流合作，以及国际性的教会事工联结。近年来，周大主教专注于重新研读《圣经》核心文本，他跨越了"中国-东南亚-埃及"古文明廊道，积极探寻"西奈相遇"对文明和信仰的影响，特别是不同宗教信仰之间的相互尊重与和谐相处，以及全球化背景下社会治理难题的应对。2013年，周大主教被新加坡国立大学评选为"卓越校友"。2014年，英国谢菲尔德大学也授予其荣誉文学博士。

谢益裕：

1938年生于新加坡，1964年1月26日晋铎。2001年10月7日晋牧担任天主教新加坡教区总主教，其座右铭是"成为一切、为一切人"，旨在强调司铎应将"其毕生、将其全部才华和精力都奉献给天主子民"、献给为他人服务的事业。2013年5月18日正式荣休。

谢益裕总主教在任期间积极从事牧灵工作，正式创建新加坡教区危机协调小组等社会服务项目，该机构是天主教社会社区理事会（新加坡明爱）的一个分支，旨在向世界各地受灾者提供紧急援助。例如：2005年1月，该机构曾对遭受印度洋海啸侵袭的灾民给予紧急救援，还向遭受地震灾害的爪哇灾民和发生山体滑坡的菲律宾灾民、遭受强热带风暴袭击的缅甸灾民提供了紧急援助；2008年7月7日，新加坡教区危机协调小组通过进德公益为中国四川汶川地震灾区捐献200 000新加坡元（约合100多万元人民币），以帮助灾区人民早日重建家园。

与此同时，谢主教努力促进新加坡基督宗教各教派之间的交流合作。例如：新加坡基督复活正教会于2000年10月获得法定地位，该教会隶属于正教会普世宗主教圣统香港及东南亚都主教教区，属于正教会普世宗主教圣统管辖。正教会曾因租约纠纷而迁离位于里峇峇利路的原址，其在另觅会址未果后向谢总主教寻求协助。2009 年 5 月起，新加坡基督复活正教会开始借用天主教总教区教育中心举办宗教仪式，这座大厦内的主要教会机构还包括新加坡牧民中心、天主教新闻社及家庭生活社等，促进了两大教会之间的日常联络。圣方济沙勿略总修院院长吴威廉（William Goh）神父表示，总教区过去也曾容许其他基督宗教团体借用地方，天主教徒与正教徒"分享同一圣洗"，并"相信同一天主"，也有着同一圣体圣事。

长期以来，由新加坡明爱创建的总主教区移民与观光牧灵委员会向移民提供广泛服务，具体包括日常咨询、教育培训、医疗保健、食品分发、司法援助和文化活动等众多内容。在 2010 年世界移民日到来之际，谢主教亲自主持弥撒圣祭，并在讲道中谈及数以百万计处于极度贫困的群体。他特别结合本主日福音指出，"耶稣也曾是移民，我们在帮助移民时候，也是在积极响应耶稣对我们的教导：凡你们对我这些最小兄弟中的一个所做的，就是对我做的（马太 25：40）"。在新加坡的各国移民团体积极参与了弥撒圣祭，采用不同语言虔诚地宣读了信友祷词，身着民族服装的移民团体代表还向祭台献上了各具特色的礼品。

廖炳坚（Leow Beng Kim）：

1964 年生于马来西亚森美兰州首府芙蓉，在圣伯多禄教会学校完成中小学教育，1989 年在澳洲新南威尔斯大学取得建筑学学位，并于 1994 年在槟城大修院攻读神学。2002 年在芙蓉圣母往见堂晋铎，两年后前往中国台湾学习半年华语，同年年底被调派为加影圣家堂区的本堂神父，直到 2007 年总主教派遣他赴罗马宗座额我略大学学习教会史。2010 年学成归国之后，廖炳坚先后担任槟城大修院教授及培育导师，被任命为槟城大修院教授及培育导师。2014 年 10 月 6 日，他正式接任天主教吉隆坡总教区的总主教，成为该总教区第四任总主教，同时也是该教区历史上首位华族总主教。吉隆坡总教区包括吉隆坡、雪兰莪、森美兰、彭亨及登嘉楼等地的天主教堂，目前此总教区涵盖了

40个教区和教堂，天主教徒多达 18 万人。①

在逾万人的共同见证下，马来西亚全国各地的十几位主教均将共祭，筹委会还邀请了国内穆斯林和政府当局、社会人士等参礼。廖总主教以"见证基督、向所有人宣讲福音、努力使所有人生活在和谐与和平之中"为己任，期盼"各族、各宗教和文化团体都能成为合一的基石"，并表示赞成"马来西亚基督教联盟"有关文件的立场，即："各种宗派和狂热势力的种族和宗教极端主义常常都是误解造成的，破坏了奠定在温和与多元文化基础上的社会体系"，而"希望"的关键便是"在谦逊与相互尊重的基础上推动真正的对话"。

路易斯·安东尼奥·塔格莱（Luis Antonio Tagle）：

1957 年 6 月 21 日出生在菲律宾马尼拉一个天主教家庭，父亲是他加禄人，母亲是华裔。1982 年晋铎，曾在美国获得神学博士学位，并在罗马进修七年，1997 年加入国际神学委员会，2001 年晋牧。2006—2011 年担任圣座万民福音部部长。2011 年 10 月 13 日起开始担任天主教马尼拉总教区总主教，2012 年 11 月 24 日被教宗本笃十六世册封为枢机。除了担任菲律宾本土的教区职务，塔格莱枢机同时兼任国际明爱会主席和天主教圣经协会主席，还于 2019 年再次被任命为圣座万民福音部部长。作为第二位担任该重要职位的亚洲人，这位被称为"亚洲方济各"的菲律宾主教对现任教宗的理念充满热情，为移民、难民和少数族群仗义执言，并试图向非洲、亚洲和大洋洲等地的贫困群体传播福音。他曾经明确表示，在亚洲应该采用对话模式来传教，对话具体包括三种重要方式，即与穷人对话、与亚洲的传统文化和新兴文化对话、与传统宗教对话。②

2017 年 4 月 7 日，塔格莱枢机专门发表复活节牧函，鼓励所有基

---

① 《首位马来西亚华人接任天主教隆总教区总主教》，http://www.chinaqw.com/hqhr/2014/10-08/20549.shtml。
② 《菲律宾马尼拉总主教塔格莱枢机:教宗方济各打动了亚洲信徒的心》，https://www.chinacatholic.org/News/show/id/26063.html。

督徒亲身接触移民，传扬复活精神。枢机表示，"对移民而言，迁徙是为自己和后代开创更美好未来的机遇。迁徙向我们彰显人类精神的高尚。如同耶稣走向十字架的旅程那样，迁徙激励人们超越他们身心的界限，增进他们的能力，使之走出孤独和排斥的沙漠。……我们绝不能忘记，每个移民都拥有不可剥夺的尊严和价值。我们蒙召促进我们全球人类大家庭的公益，而不只是我们各自家庭或国家的福祉。"在塔格莱主席的积极推动之下，国际明爱会于 2018 年 6 月 17 日至 24 日举行全球行动周，为"分享旅程运动"注入新的动力。这项运动旨在鼓励地方团体促进"相遇文化"，采取与移民和难民同桌用餐等具体关怀措施。塔格莱枢机鼓励众人"走出去与移民相遇""当你见到移民、聆听他们的故事、握着他们的手时，你就会发现他们的故事或许也是你的故事，你会在他们身上看到自己，于是你们开始分享旅程。"①

2019 年 5 月 23 日至 28 日，国际明爱会在罗马举行第 21 届大会，会议主题为"一个人类大家庭，一个共同家园"，强烈呼吁众人共同努力应对人类前所未有的困难，来自中国和阿拉伯国家的代表也出席了此次盛会。塔格莱主席指出，"这将是首次有中国代表出席的大会，他们并非来自香港或澳门。这也将是众人倾听、知晓和了解中国人民需要的一个时机。在中国有爱德机构，虽然不叫明爱会，却共享爱德的工作和精神。"事实上，塔格莱对于中国始终抱有一份特殊情感，其外公自幼跟随其曾祖父由中国福建来到菲律宾，并在菲成家立业、谋求发展，枢机的母亲从小便教育他时刻牢记自身中国血统。在日常工作中，塔格莱枢机也特别关心中国教会事业的发展，曾经积极支持中国神父修女的培育工作。

钟万学：

印尼名"巴苏基·扎哈亚·普尔纳玛"（Basuki Tjahaja Purnama），广东梅州客家后裔，客家名"阿学"（Ahok），基督新教信徒，1966

---

① 《塔格莱枢机:牢记自己祖先的迁徙史,接纳新的移民》,https://www.chinacatholic.org/show/42241。

年出生于苏南省邦的勿里洞岛，2004年起先后担任勿里洞岛的县议员、县长和国会议员，逐步进入印度尼西亚知名政治家行列。钟万学2008年曾访问美国丹佛，当时奥巴马正在竞选美国总统，由于奥巴马是肯尼亚人的后代，且在雅加达度过了童年，作为印尼少数族裔和信众的钟万学倍受鼓舞，明确表示"种族和宗教问题或许正在印尼政治中失去力量""过去十年，很多当地人变得很富有，甚至比华裔还富有……如果你希望政府廉洁高效，就投我一票吧。"

2012年，钟万学搭档佐科·维多多参加雅加达特区省长选举，两人都以清廉亲民且具有改革方案出名，工作表现也引人注目。① 9月20日，钟万学成功就任雅加达特区副省长，他努力改善困扰雅加达多年的交通和水患问题，这也是佐科能当选总统、钟万学能突破印尼华人参政困局的主要原因。在谈及胜选的心路历程，作为华裔基督徒的钟万学表态，"从政之路散发光芒，是神的拣选"，乃是依靠耶和华的灵方能成事。2014年11月19日，钟万学正式升任印尼雅加达（雅京省）省长，他手按《圣经》宣誓就职，印尼总统佐科亲自主持典礼。在回答记者提问时，钟万学明确表示"爱神、爱人如己，自然能爱国家及人民"，并视改革官僚积习、促进民生福利、公开财政收支等为执政第一要务。对于许多华人以他为荣，钟万学表示，"感谢上帝，这是印尼，我们称之为存异求同，（雅加达）是一个多元和谐的城市。"② 虽然掌管着世界上人口最多的伊斯兰教国家首都，但他的直言不讳和实干态度被很多雅加达人称赞，媒体纷纷盛赞他就任雅加达省长一职对于印尼华裔具有里程碑式的意义。印尼《星洲日报》曾形容，这是印尼民主化进程中华裔新生代参政的一大突破。英文商业杂志《环球亚洲》2015年1月也将钟万学评为"年度风云人物"。

然而好景不长，2016年11月4日，雅加达爆发了声势浩大的反钟

---

① 廖建裕：《钟万学争取连任的挑战》，载《联合早报》，2016年6月23日。
② 楚恒安：《印尼雅加达"史上第一位"华裔基督徒首长钟万学》，载《基督时报》，2014年12月30日。

万学游行，此次超十万人参加的游行由印尼伊斯兰强硬派组织"捍卫伊斯兰阵线"发起。起初活动过程较为和平，游行领导者得到时任印尼副总统卡拉接见，但当晚示威群众与警方发生零星冲突。2017年5月9日，印尼法院正式宣判，钟万学亵渎伊斯兰的罪名成立，被判入狱两年。有分析人士指出，由于钟万学与印尼现任总统佐科属于政治盟友，此次风波亦被认为是佐科政敌在借助印尼宗教和族群对立，尤其是反华情绪的敏感性来抨击现任政府政策，并趁机制造大规模的社会混乱。2017年年底，美国《外交政策》杂志评选出了一年一度的"全球百大思想家"，被控亵渎伊斯兰教罪而锒铛入狱的雅加达特区前省长钟万学入选，评选称他为"印尼多元种族及宗教文化的象征"。

2019年1月24日，钟万学正式刑满获释，并于11月出任国营印尼北塔米纳国家石油公司董事长。该公司是印尼目前第二大原油生产商，拥有两万多名员工。大雅加达地区自2020年新年开始爆发的洪灾是该地区2007年以来最严重的一次，十多个地区被淹没，郊区丘陵地带的山体滑坡导致数十人被掩埋。2020年2月中旬"印尼晴雨表"（Indo Barometer）进行的民调结果显示，公众认为治理雅加达洪涝问题最成功的是钟万学（支持率40%），其次是印尼现任总统佐科（25%），最后是雅加达省现任省长阿尼斯（4%）。与此同时，在处理交通拥堵问题上，钟万学获得35.3%支持率，佐科25.3%，阿尼斯只有8.3%。

翁俊民：

祖籍福建莆田，英文名Tahir，1952年出生于印尼泗水一个虔诚的基督教家庭。1976年在新加坡南洋大学获得商业学士学位，1987年在美国金门大学获得商业管理硕士学位，2008年在印尼班渣西拉大学获得名誉博士学位。翁俊民娶印尼力宝集团主席李文正之女李红为妻，并在金融、零售、地产、医疗、保险和出版等众多行业均取得了商业成功。作为一名虔诚的华人基督徒，他认为，只要踏实努力奋斗，上帝便一定赐福于你，100%的成功率，其中20%是靠本身的努力，而上帝赐加80%。因此，他常怀感恩之心，以此鞭策要自守本分、谨慎做人。

与此同时,翁俊民笃信圣经所言"施比受更有福",勇担社会责任,慷慨提供福利。作为首位来自东南亚地区、在世界顶尖高等学府美国旧金山伯克莱大学担任校董的华人,[①] 其通过设立 Tahir 基金会先后在印尼和新加坡等国 20 余所大学设立各类奖助学金,促进了东南亚地区的教育合作与资源共享。2009 年苏门答腊省巴东地区发生惨重的地震灾难,翁俊民亲临重灾区视察后,当即以中华总商会名义捐献 25 亿印尼盾用于赈灾。2013 年 4 月 24 日,翁俊民和微软公司创办人比尔·盖茨签署了两亿美金的慈善基金协议,决定各自捐出 1.035 亿美元用于资助改善印尼等东南亚国家的弱势者家庭卫生计划,特别是女性健康、疾病防控和医疗保健等领域的人道主义活动。[②] 2016 年 6 月 17 日,翁俊民曾向雅京特区省府捐献五辆德国奔驰专线巴士,时任省长钟万学亦向翁俊民表示了谢意。作为印尼工商总会(KIKT)中国事务组总主席,翁俊民曾意味深长地指出:"如果印尼华裔仅把自己当成印尼的过客,那是不利于民族的融合的。坦白说,印尼华裔中的富有阶层仅占 2%,90% 的华裔还是贫穷的,这也是为什么当排华事件发生时,华裔就非常害怕。"

总之,"华侨华人带着中华文化的种子和元素,播种和传承在异国他乡的环境中,中华文化中的一些方面会被放大和强调,另一些方面会主动或被迫做出调整和改造,从而产生一些有别于中华文化和住在国文化的文化现象"[③]。既然东南亚华人本身便是全球移民链条上的重要一环,东南亚基督宗教也是世界基督宗教体系扩展的重要支柱,因此,伴随着基督宗教在东南亚华人群体当中的传播,其宗教文化体系有望成为海外华人社会文化、基督宗教文化、东南亚地区文化和所在

[①] 杨宏云:《东南亚华侨华人的跨国实践与认同流变——以印尼华商为例》,厦门:厦门大学出版社,2017 年版,第 149 页。

[②] 郑明杉:《印尼华社领袖翁俊民明年可能竞选副总统》,载《联合早报》,2013 年 10 月 30 日。

[③] 赵红英、宁一:《五缘性华侨华人社团研究》,上海:同济大学出版社,2013 年版,第 4 页。

国文化相互建构与形塑的关键载体，从而呈现出与北美华人移民基督徒类似的"叠合认同"（Adhesive Identities）特征①。这与20世纪70年代出现的多元文化论（The Pluralistic Theory of Culture）研究不谋而合，有助于推动多元种族文化理念和多元宗教和谐理念向东南亚基层社会逐步渗透。

---

① 杨凤岗的研究发现，北美华人移民个体可以视情境的不同而不断调节中国人、美国人和基督徒三重身份认同之间的差异和张力，以达到实现向上的社会流动。参见 FenggangYang, *Chinese Christian in America*, Temple：Pennsylvania State University Press, 1999。

第六章 东南亚华人基督宗教社团的国内嵌入与传统功能

一个完整的宗教信仰结构既包括宗教意识和宗教情感范畴,又应涵盖体现宗教使命与宗教功能的各类宗教实践活动。基督宗教素来关注人们的现实生活,例如:韦伯认为,在世界诸宗教里,只有基督新教让信仰与现世间的紧密联结无从消解;恩格斯也提出,基督教认真解决团体成员的日常生活需要,这是基督教能够成为世界宗教的原因。[①] 就此而言,对于东南亚华人社团的传统功能及其所在地嵌入进行客观分析,有助于全面阐释并深入理解华人文化在东南亚地区经济社会发展乃至现代化进程当中发挥的重要作用,而东南亚华人基督宗教社团是否能够将自身纳入东南亚各国的政教关系框架,以及是否能够针对信徒、社团及当地社会发挥积极作用,特别是能否扮演好联络、沟通、调节、理顺等角色,便成为我们衡量此类社团域内网络和传统功能的一项重要指标。

---

① 林瑞琪:《早期基督宗教传播特性分析:与恩格斯对谈》,载《国际新闻界》,2011年第9期,第28—29页。

第六章 东南亚华人基督宗教社团的国内嵌入与传统功能

第一节 布道宣教、福音传播

福音传播是东南亚华人基督宗教社团最为核心和本质的功能之一,此类社团创设的最初宗旨便大多与东南亚华侨华人的信仰实现及精神寄托密切相关。关于海外华人选择基督宗教的原因,有学者从同化视角出发,认为新移民来到东南亚难免遇到种种困难,而教会能够为其提供物质与精神上的帮助,令其倍感关怀从而入教;有学者从宗教社会学的视角出发,认为基督宗教能够为"迷失的"移民提供安身立命的价值体系;而从文化人类学的角度来看,入教是移民获得族群归属和在陌生环境中重构传统"熟人社会"的主要途径。例如,曹云华和程荃针对诗巫福州人的个案研究便发现:在早期组织福州人集体移居马来西亚诗巫的过程中,那些代表性的领导人都是深受基督教精神影响的理想主义者,"福州殖民是通过卫理公会的保护与提倡下来砂拉越,而不是为了个人的利益,他们的领袖(最先是黄乃裳,后来是富雅各)作为殖民政府与人民之间的中间人,并没有从中获取本身的利益。……土地是直接分配给新来的垦殖民,而不是给那些将他们引进来作劳工的人士。在合约中,殖民者并不给予那些签约者鸦片与赌博的特权。这两项活动很显然地会把社群的生产力浪费掉,而使劳力的成果为富有的商人所剥夺,那种清教徒式的卫理公会的理想,是不容许这种'肉体的罪恶',因而大大地造益了这批新来的移民。"[①] 由此可见,作为诗巫规模最大且最有影响力的基督教派,卫理公会通过信仰感化和道德教化为福州人提供了不可或缺的精神支柱,以及一个物质与属灵的家园。此后的数百年漫长时段中,教会组织中国移民,开发东南亚,建立华侨基督教社区,对于东南亚华人社会历史传统的形

---

① 曹云华、程荃:《诗巫的福州人:海外华人的模范》,载《东南亚研究》,2016年第2期,第77页。

成产生了重要影响,中国与东南亚之间的教会往来也从未间断过。①

面对与祖籍地迥异的自然环境和人文环境,许多华人新移民在文化断裂的状态下身心压力剧增,一时间难以树立起新的人生观和价值观,生活上目标不明确,道德上无所适从,心理上深感茫然,甚至完全陷入物质主义和享乐主义。在东南亚华人基督宗教社团首领和精英看来,"救心"与"救人"同样至关重要,针对信众的心灵帮扶和情感安顿远胜于单纯的物质给予。面对此种不利局面,华人基督宗教社团积极开展主日学、查经班、布道会、圣餐会、追思会等丰富活动,持续向当地华人宣扬基督宗教价值体系和中华传统文化精髓,特别是勤奋、节俭、重视家庭、勇于开拓等美德。同时,近年来东南亚华人基督宗教社团的崇拜礼仪等活动日益呈现简化宽松倾向,其经常组建青少年、成年、老年、医护、教师、律师等信徒团契,并积极在志趣相投的教友之间举行祷告、咨询、座谈、聚餐、观光、健身等集体活动以联络情感,福音传播手段和方式日趋多样性和灵活性,而团体归属感"是由基督教团契通过营造基于排他性信仰的集体生活产生的,它比其他侨团组织更能吸引和凝聚华人"②。例如:新加坡圣公会早在1997年便开始关注教区新移民事工,并以引导新移民融入本地教会为导向。除了各堂会自身的布道、牧养、关怀等活动之外,还积极举办年度新移民事工研讨会、两年一度的"华夏心·狮城情"文艺晚会、堂会联合新移民退修会、信仰专题讲座与培灵会等专项活动。正如圣安德烈座堂华语部牧师、教区华文部新移民事工委员会主席安跃进牧师所言,"在新加坡,中国新移民的数目估计不少于70万。倘若有1%愿意参与教会生活,潜在的福音目标至少7000人。这无疑是一个庞大

---

① 朱峰:《基督教与海外华人的文化适应——近现代东南亚华人移民社区的个案研究》,北京:中华书局,2009年版,第15页。
② 曹南来:《经济全球化背景下的华人移民基督教:欧洲的案例》,载《世界宗教研究》,2016年第4期,第152页。涂尔干也认为,移民教会较华人商会或行业协会的一个最大不同点是拥有一个基于信仰的道德共同体。参见爱弥尔·涂尔干著,渠东、汲喆译:《宗教生活的基本形式》,上海:上海人民出版社,2006年版,第52—58页。

的福音禾场，相当于需要建立20间350人的教会。"① 罗德里克·布雷热（Roderick Brazier）针对印尼华人基督宗教和信徒的调查也发现，"面对印尼迅猛的伊斯兰教化进程，华人基督信众展现出更多的外向虔诚。"② 这种更具世俗化和亲和力的会众生活发挥了华人宗教的人间宗教性质，体现了以特定地域为中心的信徒社区生活形态，对于东南亚华人基督徒保持道德自律、强化该群体的海外凝聚力发挥着不可或缺的作用。

更为关键的是，绝大多数当代东南亚华人基督宗教社团均建立了福音传播组织，也制定了相应的"时间表"和"路线图"，具备了更加丰富的海外传教经验和显著的跨文化交流技能。例如：2013年11月15日，印尼华人基督教联会（PGTI）在雅加达主办了首届"华语福音事工研讨会"，来自中国和东南亚及世界其他地区的300多位信徒围绕华语事工、教会复兴、福音传承等广泛议题展开友好交流，以印华基联总主席杨清长老、马来西亚浸信会神学院院长王美钟、马来西亚圣经神学院院长林日峰、新加坡神学院院长陈世协、华人福音普世差传会（神州华传）国际总主任余俊铨牧师等为代表的华人教会精英更是借此机会提出合力传播华语福音的倡议。③ 此外，从东南亚华人基督宗教社团所在的多边宣教网络来看，"世界华人福音事工联络中心"（华福中心）一直致力于同心合意地迎接当今的挑战——向超过28亿、约占全球人口40%的福音未及之民广传福音④。又如：早在1990年第二届世界华语圣经大会召开之时，"全球天主教华语圣经协会联合会"便应运而生，该机制致力于向各地华人天主教信众提供丰富的圣经研

---

① 安跃进：《新移民事工的开展、挑战与契机》，载《星马教声》，第439期。
② Roderick Brazier, "In Indonesia, the Chinese go to church", *The New York Times*, April 27, 2006.
③ 《印尼华人基督教会联会举办印尼华语教牧长执同工退修会及华语福音事工研讨会雅京隆重开幕》，载《印尼商报》，2013年11月15日。
④ David B. Barrett, ed. "Christian World Communions: Five Overviews of Global Christianity, AD 1800~2025", *International Bulletin Missionary Research*, Vol. 33, No. 1, 2009, p.32.

习资源，并力求为相关社团培养从事圣言活动的专业人员，联合会现已拥有包括来自中国和东南亚等地的十五个正式会员及五个附属会员。2010年11月，这一多边机制曾在马来西亚吉隆坡举行第九届大会，同时也旨在纪念梵蒂冈第二届大公会议《天主的启示教义宪章》及《教友传教法令》颁布45周年。与会代表有来自中国大陆、中国香港、印度尼西亚、马来西亚、缅甸、菲律宾、新加坡、中国台湾地区、泰国、澳洲和意大利等地120余人，其中28位来自中国大陆，20位来自中国台湾，参会人数创下历届新高①。

"全球海外华人牧传研讨会"由天主教全球海外华人传教处主任彭保禄神父于2000年发起，旨在推进罗马天主教会万民福音部与海外华人团体之间，以及海外华人天主教团体之间建立密切关系。这一世界性的多边会议机制每隔三年在各地区轮流举办，依托弥撒圣祭、福传讲座、灵修研讨、文艺汇演、参观游览等丰富多彩的会议日程，海外华人天主教社团彼此学习与分享牧灵成果，积极探讨华人牧民及福传经验，以期强化海外华人信徒的组织构建及灵修互动。

值得关注的是，信息化、全球化大大便利了各类信息理念跨区传播的即时性与交互性，而疫情外溢化则直接导致信众社会空间受限、居家时间增多，海外宣教成本显著降低、潜在受众增加。在此影响下，东南亚华人基督宗教社团、机构和精英依托互联网、新媒体和自媒体等技术介质提供的远程服务、灵性互动、信息交换、资源共享均得以扩展和深化，原本处于辅助乃至从属地位的"宗教在线"(Online Religion)范畴，将进一步向"在线宗教"(Religion Online)形态转变。

第二节 社区建构、认同强化

由于海外华侨华人身处文化差异和文化交融的环境，他们经历急

---

① 《马来西亚：华语圣经大会参与人数创新高》，https://www.chinacatholic.org/show/15802。

剧的文化流变进程，直面文化的断层和交叠，因而对自己的生存身份和文化认同就更加敏感。作为当时多数国家和当地主流社会中的少数族群，东南亚华侨华人尝试寻觅一种超越传统宗教信仰、语言习俗、意识形态、价值观念的社会纽带，而在当地具备传播基础、包容度高、亲和力强的基督宗教逐渐进入了其视野，东南亚华人基督宗教社团则努力为信众构建了一整套富有吸引力的生活意义和情感连接系统。就此而言，"基督教会非但没有疏离华人社会的地缘关系与方言群体，反而固化华人移民的旧有社会结构，强化了移民社群的身份认同。"[1]

早期东南亚地区的华侨华人主要是依托血缘、地缘和业缘纽带到海外谋生创业、繁衍生息，在西方殖民入侵的自治时代，东南亚华人社团普遍扮演着华人社会的"政府"角色。"有些地区于是成为典型的移民社区，形形色色的商店、社团、公共设施以及宗教活动场所无所不有，别具一格，成为形成族群社区、维系文化及语言特征的基础。"[2] 例如："诗巫的福州人移民目的一开始就很明确，那就是在海外找一个能够永久安身立命的福地，因此，从移民的领导人到一般移民一开始就拥有落地生根的'永居心态'。"[3] 究其原因，这既与"拓荒之父"——本土基督徒黄乃裳的造福乡梓、大公无私、利他主义等思想熏陶密不可分，又与"发展之父"——卫理公会富雅各牧师设教建校、开创工商、关爱人性等举措息息相关。从效果来看，"新福州"模式不仅避免了传统华人社会普遍存在的一些陈规陋习，而且有利于华人族群内部关系及与所在国社区关系的稳步发展，因此在对当地社会的适应融合方面扮演着重要的"代理人"角色，堪称东南亚华人基督宗教社团建设、华人社区构建和华人社会发展之典范。例如：对于

---

[1] 朱峰：《基督教与东南亚华人社会的建立——以"新福州""兴化芭"为例》，载《基督宗教研究》，2003年第00期，第272页。
[2] 斯蒂芬·卡斯尔斯：《21世纪初的国际移民：全球性的趋势和问题》，载《国际社会科学杂志》（中文版），2001年第18卷第3期，第27页。
[3] 曹云华、程荃：《诗巫的福州人：海外华人的模范》，载《东南亚研究》，2016年第2期，第79页。

马来西亚砂拉越地区华人基督教的案例研究也已证明，由于当地华人基督教会的影响，来自兴化与福州的华人逐渐突破了方言群的界限，族群内部的祖籍差异也得以缓解，大家互相合作、融为一体。① 由此可见，华人基督宗教社团为早期东南亚华侨华人提供了一个不可或缺的社群凝聚平台，从而有助于素未相识的移民得以重建关系网络，在异域他乡建构一个与中国类似的传统"熟人社会"，通过乡情表达、信息沟通和机会分享努力寻求群体认同感和社会归属感，积极拓展自身的生存和发展空间。

"宗教信仰一方面通过特定的善恶观影响人们的行为，另一方面又通过信仰的认同形成神缘关系，凝聚、调谐、整合社会群体。当神缘与社团组织结合在一起，通过社团活动影响人们的道德标准、行为规范的时候，调谐人际关系，维护社会团结的作用就更为明显了。"② 与移民佛教和道教等宗教组织的遁世绝俗传统及其向海外华人提供的个体化、私人化及非规律化服务特性相比，现当代东南亚华人基督宗教社团的日常活动更为活跃频繁，教会等附属机构不仅向华侨华人信众提供主日崇拜、分享见证、团契聚会等基本宗教服务，同时也提供婚礼、葬礼和语言培训等社会文化服务。就此而言，东南亚华人基督宗教社团已不再仅仅是一个单纯的宗教信仰团体，还日益成为华人族群多元化的社会交往中心和综合性的公共事务中心。例如：马来西亚基督教长老会原道堂（Logos Presbyterian Church）在介绍自身事工使命时便明确指出，"我们期盼通过联会的资源，有组织性和策略性的带动各教会群体落实圣经的教导。以具有的关注教会及社区中的苦弱者（马太25：31—46），参与社会的社区建设，行公义、好怜悯（弥迦书6：8），使'被掳的得释放，瞎眼的得看见，叫那受压制的自由（路加4：

---

① 朱峰：《基督教与海外华人的文化适应——近现代东南亚华人移民社区的个案研究》，北京：中华书局，2009年版，第187页。
② 赵红英、宁一：《五缘性华侨华人社团研究》，上海：同济大学出版社，2013年版，第49页。

18—19）'。这本是基督在地上所行的，作为'基督的身体'（教会），要再现基督的行动。"① 又如：2011年9月底，逾千人隆重聚集在马尼拉唐人街举行弥撒，纪念菲律宾著名圣人李乐伦（Lorenzo Ruiz），并在礼仪中向圣像献上花环，弥撒由22位神父共祭，本地官员及菲律宾华裔团体成员亦有出席。② 时任马尼拉总教区高登西奥·罗萨莱斯（Gaudencio Rosales）枢机亲自为这位菲律宾华裔圣人主持纪念瞻礼。由此可见，东南亚华人基督宗教社团愈加注重针对基督宗教信徒、其他宗教信众及基层社会公众等多元群体进行广泛而深入的信仰熏陶。与此类似，2019年12月14日，印尼"土生华人博物馆"馆长Ir. Asmi Abu Bakar在西爪哇省茂物市的BojongIndah天主教堂牵头举办"华裔在印尼民族建设中的贡献和作用"研讨会，议程涉及印尼华人社团简史、华校建立、华文教育、排华风波等诸多问题，参加研讨会的百余名来宾除了教堂信徒外，还有来自雅加达地区关心华人历史的爱好者。③ 此类活动无疑有助于印尼基层社群客观认识华人的历史贡献，以及不可或缺的现实作用，而非印尼基层民众传统认知的"经济动物"标签，同时有助于促进各族群之间增进了解。正如印尼华人基督教会联合会前主席杨清所言，"一般人认为，华人教会各自为政，不能团结，海外华人更如一盘散沙。曾几何时，这个'论调'也随着印尼华人基督教会服务中心的成立而不攻自破。……健全的团契组织促进教会彼此间的合一，正是其他十四个区委会的典范。"④ 值得关注的是，在此次新冠肺炎疫情暴发蔓延的影响下，特别是为了回应东南亚一些政客和媒体"妖魔化"华侨华人或基督信众的不良倾向，东南亚华人

---

① 原道堂事工，https://www.mylogoschurch.org/blank-4。
② 《菲律宾：马尼拉唐人街举行弥撒纪念菲国首位圣人》，https://www.chinacatholic.org/show/18500。
③ 《Bojong Indah天主教堂举办"华裔在印尼民族建设中的贡献和作用"的研讨会》，http://www.guojiribao.com/shtml/gjrb/20191217/1510958.shtml。
④ 《印尼华人基督教会联会成立经过及未来动向》，http://www.cccowe.org/content_pub.php?id=cct200802-4。

基督宗教社团始终在努力维系华人、华侨、华裔等信众群体的内部团结合作。例如：新加坡卫理公会女皇镇堂传道王健霞女士每年除夕均会邀请数十位在新求学或工作的外籍华人来到家中共度佳节。2021年除夕夜她积极响应政府疫情管控号召，仅邀请八名来自中国和马来西亚的客人团聚，"我们数算主恩、享用美食，透过视频和远方的家人连线拜年，爱和喜乐在新、马、中三国的家人中洋溢。"①

第三节　福利施予、族群互助

东南亚华侨华人群体素有团结自助的传统，中国大陆移民远离故土赴"南洋"谋生，除了精神层面的需求亟待满足之外，衣食住行等基本的物质条件和居留就业等发展诉求无疑也是必不可少的。与传统信仰组织相比，东南亚华人基督宗教社团成员之间的关系互动较为密切，绝大多数此类社团均明确将扶危济困视为自身核心使命，并通过灾后重建、医疗义诊、捐资助学等方式源源不断地回馈当地基层社会，这得益于中华传统义利观和基督宗教博爱奉献理念的深度融合。以新加坡为例，早在1906年，新加坡长老会华人教牧郑聘廷便诚邀当地70余位华侨知名人士共同商讨拒毒戒烟，决定设立"星洲振武善社戒烟所"（后改称"新加坡拒毒会"），聘请义务医生免费为鸦片吸食者治疗。此后戒烟所征集会员达500多人，募集资金1.5万元，戒烟所还与其他拒毒戒烟组织商请当地政府开展禁烟戒毒。② 2007年，新加坡规模最大的七个慈善团体当中，依旧包含了亚洲学园传道会、城市丰收教会、坚信浸信教会、新造教会、三一基督教中心等五个基督教团体。③ 又如：2016年1月17日，逊尼派穆斯林运动伊斯兰教士联合会

---

① 《疫情阻断回乡路，主恩联结四海情——疫中庆新年》，https://www.cac-singapore.org.sg/zh/cny-in-pandemic/。
② 张钟鑫：《近代新加坡华人基督教研究（1819—1949）》，福州：福建人民出版社，2015年版，第115—116页。
③ 朱峰：《当代东南亚华人基督教浅析》，载《世界宗教文化》，2011年第1期，第60页。

(Nahdlatul Ulama)在雅加达发起六大宗教（佛教、印度教、天主教、基督新教、伊斯兰教和儒教）共同参加的游行活动，以期为印尼宗教宽容与和谐相处积极发声，亦有华人堂区信徒参与其中。在印尼传教长达45年的沙勿略会传教士阿比斯（Fernando Abis）神父见证了当地不同宗教之间的和睦共处，他表示："我们住在华人群居的社区，周遭的许多儒教小庙在庆祝重要节日时，我们都会邀请他们来学校的庭院等地方，因为我们的空间比较宽敞。因此，宗教之间不只有宽容，还有合作。"① 再如：2020年新冠肺炎疫情暴发之后，印尼华裔积极响应、勇于担当，协助政府做好应急医疗物资储备等防控工作。其中，雅加达省前省长、国家石油及天然气集团公司现任董事长、华裔基督徒钟万学不仅力荐参照中国经验打造印尼版"火神山"医院，而且主动将其所在公司用地用于该医疗机构（Pertamedika Corona Center）的建设。在各界的共同努力下，印尼仅用八天时间便全面建成抗击新冠病毒的医院，并配备了数以千计的床位设施和医务人员。据印尼侨胞联合总会总主席、印尼客属联谊总会永远荣誉主席钟家燕介绍，此次钟万学勇担社会责任的义举得到了印尼政府和当地群众的广泛赞誉。此外，每逢印尼斋月新年、华人春节或自然灾害爆发，以翁俊民、张克顺为代表的一批华人基督宗教企业家便纷纷慷慨解囊，与当地华侨华人社团一道，向受灾民众或穆斯林群体捐助物品、奉献爱心。

众所周知，海外华侨华人始终情系桑梓，除了认祖归宗和投资故里等表达此种情感的传统形式，东南亚华人基督宗教社团还积极参与针对中国的人道主义救援行动。在全球化和信息化时代，宗教跨国慈善可能更易于变成现实，② 因为宗教非政府组织易于突破国与国之间的情感界限，"将母国与遥远的群体相连接"③。例如：2008年中国四川

---

① 《印尼各宗教将一同举行游行活动,为宽容与和睦共处发声》,https://www.xinde.org/show/34122。
② 钟大荣:《中国穆斯林跨国慈善——以马来西亚的中国穆斯林赴缅甸罗兴亚难民营援助为例》,载《世界宗教文化》,2016年第3期,第101—106页。
③ 徐以骅、邹磊:《宗教与中国对外战略》,上海:上海人民出版社,2014年版,第41页。

汶川地震发生后，菲律宾青山中华基督教会（金禧堂）等华人基督宗教社团积极响应菲律宾华商联总会的倡议，积极募捐 30 万元支持此项华社救灾行动；① 在众多印尼华人社团的倡议和鼓舞之下，印尼基督教会也通过紧急筹款募集到 100 万元。② 又如：2013 年 4 月 20 日中国四川雅安芦山县遭地震重创后，马来西亚基督教卫理公会华人年议会随即向中国捐款三万令吉。5 月 8 日，该会会长莫泽川牧师在会友领袖林志强和社会关怀部周道惠的陪同下，将款项交给中国驻马来西亚大使馆参赞林动，以作为当地赈灾重建工作的援助资金。③ 再如：2020 年新冠肺炎疫情席卷中国之后，菲律宾福音派教会联会等与中国保持友好交流合作关系的华人基督宗教社团纷纷挺身而出、鼎力相助，或通过中国驻菲使领馆向中国政府和人民表达关心慰问，或为肺炎患者与医护人员祷告祈福，或为支援中国抗击疫情募集善款和物资。在海外华人社团的公共功能已普遍突破华人社区的背景下，由东南亚华人基督宗教社团向内部与外部社会提供的众多援助资源，以及更加符合现代社会价值观念的公益慈善理念，已成为华人族群与当地政府及外部社会调适彼此关系的重要平台。正如 2020 年 5 月联合国秘书长古特雷斯在"宗教领袖在应对新冠疫情多重挑战中的作用"高级别视频会议上所言，新冠肺炎疫情不仅仅是一项全球性卫生紧急事件，同时也是一场人类危机。宗教领袖过去在艾滋病和埃博拉疫情等公共卫生危机中发挥了重要作用。面对新冠疫情，宗教领袖支持全球停火、集中精力打击新冠病毒这个人类共同敌人的立场和态度至关重要。

---

① 《菲华商总会发动华社捐款救灾已逾六千万菲币》，http://www.chinanews.com/hr/yzhrxw/news/2008/05-27/1262935.shtml。
② 《海外华侨华人、外国友人继续为四川灾区捐款》，http://news.xinhuanet.com/newscenter/2008-05/19/content_8202723.htm。
③ 《马拉西亚华人教会捐助雅安送温暖》，https://www.gospeltimes.cn/index.php/portal/article/index/id/18626。

第四节 文教兴办、文化存续

文化传统是支撑华人集体记忆的精神支柱和保留自身族群特性的关键纽带，海外华侨华人总体上对于中国保持着天然、深厚且持续的文化认同和情感依附，正如颜清湟教授所言："中国移民具有一种中国的不顾新水土和经济环境都要保持中国的每一样东西的强烈愿望。他们在东南亚进入了一个保全中国传统的无意识过程。"① 社团、报刊、教育共同构成了海外华侨华人社会的"三宝"，其中，华人社团为华文报刊兴办和华文教育发展提供了架构平台和组织资源，三者共同承担着捐资兴学、知识传递、理念传播、文化传承等重要功能，东南亚华人基督宗教社团更是始终坚持宣教传道与兴办文教并重的发展原则。早在1815年，马来西亚半岛的马六甲便出现了历史最为悠久的海外华文报刊——《察世俗每月统记传》。作为当时英国伦敦布道会用于传播基督思想的宗教刊物，其还开启了海外华文报业乃至中国近代报业的历史序幕。正如程曼丽教授所言，"尽管《察世俗每月统记传》传入中国的数量及其对中国读者的影响十分有限，远没有达到伦敦布道会预期的目标，但是，它对封建社会的限禁尤其是报禁毕竟是一个冲击，犹如在密不透风的铁桶上楔进去一个钉子。这是很重要的一步。"② 1822年，英国传教士在印尼创办了最早的华文报刊——《特选刊撮要》。越南最早面世的华人报纸《南圻日报》始创于1918年，由法国天主教牧师创办，旨在宣扬天主教教义和法国殖民当局政令。与此同时，由华人基督宗教精英参与创办的华文报刊也开始在东南亚落地生根。例如：新加坡长老会禧年堂（Jubilee Presbyterian Church）的知名华人牧师郑聘廷于1902年创建了东南亚第一所华人书报社——星洲书

---

① 颜清湟著，周添成译：《东南亚华族文化：延续与变化》，载吴晶主编：《华侨华人研究论丛》（第七辑），北京：中国华侨出版社，2006年版，第223页。

② 程曼丽：《海外华文传媒研究》，北京：新华出版社，2000年版，第27页。

报社,该社"陈列国内外报章暨革命群书,琳琅满目,任人阅览,以开通民智,唤醒侨胞"①。伟大的革命先行者孙中山曾对其进步意义大加赞赏,此后南洋各地竞相创办了一系列报刊出版与文化传播机构。

依托在祖籍地兴教办学的成功经验,由基督宗教社团创办的教育机构已经成为东南亚新生代华人的汉语习得与教育基地,其在东南亚开展的文教兴办活动具有开创性的意义。例如:诞生于1842年的道南学堂是教会人士在新加坡最早创办的华校,主要教导四书五经和圣经,而创办于1889年的培华学校则以潮州话为媒介语言教授圣经、圣诗、尺读、珠算等课程。又如:早在1903年,诗巫福州人移民才两年,卫理公会便开办了中英双语学校——英华学校,学生人数18人。目前,只有10万多华人的诗巫市,却有三家华人独立中学,即诗巫开智中学、诗巫光民中学和黄乃裳中学,其中规模最大、人数最多的为黄乃裳中学。②此外,华人天主教会也在诗巫创办了圣心华小等知名双语学校,诗巫的华文学校和华文教育在此背景下获得了飞速发展。又如:在印尼当局禁止当地华人研习汉语的时代,许多基督教会便秘密在教堂开设汉语等课程,以便向华侨华人群体展示基督博爱与恩泽,华人基督宗教社团也在客观上发挥了整合海外华人与保持传统文化的关键作用。1965年印尼"9·30"事件爆发后,大量新生代华侨华人难以继续进入华文学校或公立学校,基督教会和天主教会不仅积极保障这一群体的人身财产安全,还竭尽全力为其提供良好的华文教育和西式教育,许多新生代华侨华人正是在此类教育机构当中接受了基督宗教教义,这充分说明"基督教学校是华人族群身份、阶级身份和宗教身份再生产的重要场所"③。

值得关注的是,海外华侨华人由于长期旅居海外,与中国民众和

---

① 朱峰:《殖民地处境下的华人基督教——以近代东南亚华人社会为例》,载《福建师范大学学报》(哲学社会科学版),2005年第2期,第127页。
② 曹云华、程荃:《诗巫的福州人:海外华人的模范》,载《东南亚研究》,2016年第2期,第74—81页。
③ Hoon Chang-Yau, "Mapping 'Chinese' Christian Schools in Indonesia: Ethnicity, Class and Religion", *Asia Pacific Education Review*, Vol. 12, 2012, p. 409.

中华文化的沟通互动渠道较为单一薄弱，在时空维度上难免与中国产生隔离感和生疏感。与此同时，华人新移民更倾向于选择当地教会主办的教育或直接赴欧美留学，并逐渐接受了西方价值观和东南亚生活方式，对于中华文化的认同则呈现出代际弱化趋势。然而，伴随着中国国力的逐步增长，汉语特别是普通话正在成为新的国际商业用语，许多东南亚华侨华人开始重新将其后代送入华人基督宗教社团的附属文教机构学习汉语文化，针对第二代乃至第三代华裔青少年的很多教会项目也均以中文为媒介，潜移默化地渗入了老一代华侨华人所秉持的传统价值观。例如：2007年9月28日至29日，以"培养年轻华语教会接班人"为主题的全印尼天主教华语教务第三届座谈会在茂物芝巴容阿努阁拉山庄举行。来自棉兰、司马委、大亚齐、巨港、泗水、坤甸、山口洋及雅加达法地玛堂、海星堂、阿凡索堂、圣之堂等68位代表齐聚一堂。华语教务主任司铎张汉文神父在致词时表示，雅加达天主教堂四个堂区的教友都是年老一辈，似乎没有年轻人，这样将使华语教会前途暗淡，发展受到阻碍。他指出，印尼华文教育断层了32年，如今50岁以下的人大多不懂华文华语，而现今各教会中能说华语懂华文的教友都是年老的群体。大会一致认为有必要培养年轻一代教友学习华文的兴趣，使之能参与华语教会的各项活动，同时尽量培养年轻人对华语教会的责任感。① 又如：在新加坡首所学前教育中心、华语教学学习先驱——星洲幼稚园迎来百年庆典之际，新加坡基督教学前教育联盟及星洲幼稚园于2021年9月25日专门举办题为"乐中学华文"的座谈会，邀请该国所有基督教会幼教教育者和学生父母等参会，共同探讨如何由圣经视角学习中文、发展幼儿华文教育和促进华族文化。② 其中，三一神学院教务主任林德平牧师（博士）的讲座涉及基督教在新加坡双语教育政策背景下的学习价值，以及教会在提供

---

① 《印尼天主教强调培养年轻华语接班人》，载《中国宗教》，2007年第11期，第72页。
② 《2021年新加坡学前华文教育座谈会》，https://presbyterian.org.sg/news-2021-09-early-childhood-chinese-larguage-synyosium-cn.htm。

可持续的双语学前教育等方面具备的优势和面临的挑战。

因此,从主观层面来看,尽管东南亚华人基督宗教的跨国互动是因应共同文化认同危机的结果,但就客观效果而言,东南亚华人依托基督宗教构建的信仰文化网络,已经在一定程度上为跨区域乃至世界性的中华文化圈奠定了基础,有助于进一步弘扬中华传统文化,巩固和培养华人新移民和华人信徒的民族文化意识,增强其对于中华民族文化的认同感,保持海外华侨华人和宗教资源的可持续发展。

总之,东南亚华人基督宗教社团的核心功能体现出海外华人社团发展演化的一系列宏观特征和共性,这主要包括:"从基于同源、同宗关系的相互结合到自觉地为维护和争取自身的政治、经济权益而结社,从分散、自发的组织到作为被所在国承认的华人正式代表,从孤立、排外的华人帮派群体到跨越华人小圈子、融入当地国主体社会乃至走向世界,从日常的互助互惠到社会生活各方面发挥难以替代的作用。"[①] 作为以基督宗教为纽带的华侨华人团体,此类社团不仅为东南亚地区的主流意识形态提供了补充性的思想资源体系,为各个国家的最高统治权威提供了合法依据与道德支撑,而且承载着海外移民精神信仰中心的关键功能,并成为满足其自治互助、慈善施予、文化存续、认同强化等社会文化需求的多功能社区中心。在这样一个中西交汇和网络对接的结构当中,"基督宗教网络"和"华人网络"分别成为对方可资利用的资源:一方面,基督宗教通过"华人网络"中的地缘、血缘等关系网络,扩大自己的影响和传播范围;另一方面,华人也利用"基督宗教网络"拓展了自己的生存空间。[②] 在后疫情时代,宗教社团、机构与精英将被期待承担更为广泛的道德义务与社会责任。东南亚华人基督宗教社团的内部治理结构、传统社会功能及公共治理参与必将呈现全新调整。

---

① 李明欢:《当代海外华人社团发展之前瞻》,载《八桂侨刊》,1994年第4期,第1页;李明欢:《构筑华人族群与当地国大社会沟通的桥梁——试论当代海外华人社团的社会功能》,载《华侨华人历史研究》,1995年第2期,第32页。
② 张钟鑫:《华人网络与基督教网络的相互嵌入——近代新加坡华人基督教跨国网络探析》,载《华侨华人历史研究》,2015年第4期,第73页。

第七章　东南亚华人基督宗教社团参与中国-东盟人文交流的模式路径与互动实践

祖籍国、移居国及海外华人社会是考察跨国主义如何影响中国新移民融入移居国社会的三个关键性情境因素。"无论是一国之内还是国与国之间的华侨华人社团联系都更趋紧密，随着国际关系的缓和调整、中国国际地位的上升，华侨华人社团与中国的联系呈现出前所未有的频繁和多元。"[①] 在依托国内纵向网络参与信仰传播、族群凝聚和社会融入等本土事务的同时，东南亚华人基督宗教社团还尝试突破所在国地理疆界、族群政治和宗教信仰等因素限制，频繁与中国本土基督宗教界和移民移居原乡地进行横向跨境互动和血缘宗亲整合，以期通过体系扩展和功能延伸使华人基督信众能够更好地适应时代变化。与此同时，新中国成立 70 年来，中国宗教界已经成为爱国爱教的重要力量，已经成为党和政府可以信赖和利用的人文交流力量。本章将结合人文交流主体和客体互动的三种传统模式，聚焦东南亚华人基督宗教社团参与当前中国-东盟人文交流的意愿、方式、实践、效用等议题。具体来看，此类多元复合组织主要通过以下模式嵌入新时期中国-东盟人文交流关系网络。

---

① 赵红英、宁一：《五缘性华侨华人社团研究》，上海：同济大学出版社，2013 年版，第 1 页。

第一节　官方-民间跨境互动模式

国家元首、政府首脑、高级官员及官方机构不仅从政治和外交层面代表着国家，而且在很大程度上承载着一国体制机制、价值观念和生活方式，由其倡议发起的人文交流活动侧重政策宣示、战略沟通、形象提升、共识塑造，往往具有突出的示范意义和社会效果。更为关键的是，中国的现实国情决定了官方机构在人文交流等对外事务当中的主导作用，这一点在复杂敏感的涉侨和涉教领域体现得尤为明显。

伴随着冷战后中国与东盟及其成员国关系的全面发展，中国除了重视对东盟的政治、经济与安全外交，还尝试发掘东南亚华社的历史、文化与宗教资源，并将其整合到中外人文交流之中。作为传统人文交流的一种典型实施路径，"官方对民间模式"具有"以官带民、官民并举""政府搭台、民间唱戏"的显著特征，而能够对目标国主流民意施加直接影响的精英阶层则成为该模式的首要实施对象。中国与东盟及其成员国官方主管部门积极引导海外宗教界有针对性地参与彼此的跨境交往，在政策支持、制度设计、资源投入等方面为东南亚华人基督宗教社团提供便利保障，后者更多是以客体身份参与其中，借此机会积极参与相关人文交流活动。

一、双边官民互动实践

由于中国从20世纪50年代到90年代末分别与东盟十国签订了双边文化合作协定，因此依托既定框架平台推进双边互动便成为华人基督教社团参与中国-东盟侨务/宗教人文交流的可靠选择。1990年中新两国建交后，在"搭中国经济顺风车"的政策鼓励下，新加坡政府曾经提倡华社兴办中华节庆，保留传承中华文化价值，亦支持华社与祖籍地重建联系，在新加坡主办或参与海外华社的跨国联谊活动。"这种华人社团民族渊源和民间身份的双重特性，不仅使其能够在本土华人社团之间展开由点到面的合纵连横,也使其在障碍重重的区域与国际关系间,掌握丰富的人脉资源。当然,所谓的区域与国际关系,主要指华人地区而言,这也符合华人社团的特性,而其切入点必然是以'文化中国'为手段,方可避开敏感的政治问题。"① 2009年12月,在即将迎来中新两国建交20周年之际,以"携手共建美好世界——和平、合作、友谊、进步"为主题的"中国-新加坡2009宗教文化展"在新达城举行。活动由中国五大宗教协会和新加坡十大宗教团体、新加坡宗教联谊会共同举办,前后筹备近一年时间,耗资高达130万美元,具体涵盖了"静态"(如宗教书画、图片、经典、圣器等展览)和"动态"(如宗教歌舞、茶艺、印刻、剪纸等表演和系列研讨会)两类形式。新加坡政要、各国驻新使节、双方宗教团体及普通民众等数万人参与了相关跨文化活动,这在中新两国乃至中国与东南亚宗教交流史上尚属首次。在此期间,中国天主教代表团应邀到新加坡主教府做客并受到主教的热情接待,并与中国基督教代表团一同参访了基督教三一神学院和天主教若瑟养老院;② 中国基督教代表团专门与新加坡联合圣经公会进行了座谈活动,由来自全国各地的神父和修女16人组成的拉丁圣乐合唱团参与了相关音乐文化活动;中国基督教少数民族表演团还参加了新加坡基督教联合会举行的主日礼拜等圣诞活动。新加坡是当今世界唯一以华人族群为主体的移民国家,2010年新加坡华人超过该国总人口的53%,同时达到海外华人总数的6.96%。③ 截至2016年6月,新加坡华人占总人口比重增至74.3%。④ 2015年11月17日,习近平主席在新加坡国立大学发表题为"深化合作伙伴关系

---

① 莫顺宗:《马来西亚华人社团:从"整体网络"到"互联网络"》,载《八桂侨刊》,2012年第4期,第27页。
② 李辉:《中国天主教参加"中国-新加坡2009宗教文化展"》,载《中国天主教》,2010年第1期,第29页。
③ Dudley L. Poston Jr. and Juyin Helen Wong, "The Chinese Diaspora: The Current Distribution of the Overseas Chinese Population", *Chinese Journal of Sociology*, Vol. 2, 2016, pp. 362-363.
④ "Population Trends 2016", http://www.singstat.gov.sg/.

共建亚洲美好家园"的主旨演讲，明确提出"将中国和新加坡关系定位确定为与时俱进的全方位合作伙伴关系"，其中即涉及中新两国之间的文化交流与持久合作，而其基础便在于加深双方各层面和各领域的相互理解。就此而言，以上双边人文交流活动不仅有助于中新两国依托海外华人等原有纽带共同夯实传统友好关系，而且"开启了跨宗教、跨国界、跨文化交流的尝试，成为在对外交流中实践宗教和谐理念的积极探索"①。

官民互动模式在华人社团底蕴深厚且基督宗教持续发展的马来西亚亦体现得十分明显。2016年2月2日晚，中国驻马来西亚大使馆在吉隆坡香格里拉酒店举行年度春节招待会，盛情邀请马方政要、华社领袖、新闻媒体、中资机构等代表近千人共同出席，马来西亚基督教卫理公会华人年议会莫泽川会长与该会社会关怀部主席周道惠主席受邀与会。②中国驻马来西亚大使黄惠康对马各界人士在促进两国传统友谊、推动各领域互利合作方面所作出的积极贡献表示了高度赞赏，马来西亚华人基督宗教社团首领则借此机会与中马双方友好团体及社会名流进行了广泛热烈的沟通互动。2019年是中国与马来西亚建交45周年，在中国青年节（5月4日）和马来西亚青年节（5月15日）到来之际，中国驻马来西亚大使馆与马来西亚八大华青专门策划并共同举办了"中马青年联欢会"，驻马使馆全体青年外交官和八大华青团体青年代表60余人参加了此次特色活动。青年是国家建设的生力军和友好关系的维护者，马来西亚基督教青年协会（Malaysia Christian Youth Association，MCYA）作为该国杰出青年代表与中方青年代表进行了深入交流，并联合呈现了精彩的文艺演出，尤其是用华语和马来语共同演绎的旨在纪念中马建交的主题曲《左肩》、马方青年诗朗诵《南侨

---

① 陈冠桥：《中华宗教文化交流协会的实践》，载《公共外交季刊》，2016年第1期春季号，第93页。
② 《马来西亚基督教卫理公会华人年议会》，http：//www.methodist.org.my/tag/2016%E5%B9%B43-4%E6%9C%88%E5%8F%B7/。

第七章　东南亚华人基督宗教社团参与中国-东盟人文交流的模式路径与互动实践

机工颂》等等。① 这无疑有助于增加两国青年间的了解，大家一致表示，希望彼此深化传统友谊，积极发扬"丝路精神"，为巩固中马友谊、推进"一带一路"贡献自身力量。由此可见，以双边关系纪念日和宗教节庆日等为契机，官方倡议下的宗教族群跨国互动得以在双边人文交流议程当中持续开展，其中，"宗教文化在思想观念、价值取向、认知方式、心理情感等方面往往起着'润物细无声'的作用，它直接影响着人们的精神世界，左右着人们对日常价值的选择。"②

"由于中国已成为国际经济发展和跨国文化交流的'磁石'，越来越多的海外华人正努力重新拥抱其族群认同与文化认同。"③ 从地方政府倡议的人文交流活动情况来看，作为中国首屈一指的侨务原乡所在地，广东、广西、福建、海南等省一直与东南亚华侨华人保持着密切联系，注重与基督宗教华人精英建立互信互助的交流平台，后者也希望借助中国-东盟关系的全新发展实现自身地位的向上流动，双方积极依托彼此的资金优势、智力优势、人脉优势和人文优势增进互通共融。2015年9月9—10日，中国福建省与印尼贸易部隆重举办了"福建-印尼经贸推介会"。活动期间，时任福建省负责人专门会见了时任雅加达省省长、华裔基督徒钟万学，并借此机会向当地政要、闽籍侨领和商界精英全面介绍了福建在融入"一带一路"过程中的重要举措，特别展示出经济社会的快速发展与投资环境的不断优化，更表达了与印尼等沿线国家和地区就港口航运、海洋能源、基础设施、科技创新、环保产业等领域进行全方位合作的良好愿望。④ 2016年5月24日，正在印尼访问的时任广东省委副书记、深圳市委书记马兴瑞一行专门拜

---

① 《驻马来西亚使馆举办中马青年联欢会》，http://my.china-embassy.org/chn/sgxw/t1660648.htm。
② 郭威：《宗教文化：文化外交的重头戏——以中国近年来的"宗教文化交流"为例》，载《中国宗教》，2014年第3期，第74页。
③ Sheng Ding, "Engaging Diaspora via Charm Offensive and Indigenised Communication: An Analysis of China's Diaspora Engagement Policies in the Xi Era", *Politics*, Vol. 35, Nos. 3-4, 2015, p. 232.
④ 周琳：《加强经贸合作 促进互利共赢》，载《福建日报》，2015年9月11日。

会了雅京特区首任华裔基督徒省长钟万学。双方深入探讨了雅加达和深圳两地之间的互动,并就经贸合作、互相投资、园区建设等达成了广泛共识。① 此外,钟万学曾于2014年提出旨在改善市政官员对民众投诉回应效率的"智慧城市计划"。他在此次活动中特别指出,雅加达正在推进各项城市建设,希望借鉴深圳经验积极发展现代化的"智慧城市",同时努力保存好传统文化的固有特性。由此可见,海外离散社会与祖籍国互动的加强也促使祖籍国的中央和地方各级政府不断地调整、完善和进一步推行涉侨优惠政策,以维持、鼓励和引导更多的侨汇和捐赠以及双向流动。

二、多边官民互动实践

中国与东盟国家山水相连、血脉相亲、文化相通。习近平主席曾用"好邻居""走亲戚""交朋友"等形象比喻来指导中国与亚洲其他国家的关系发展。伴随着中国改革开放事业在更深层次的开展,东南亚华人社会与中国在政治、经济、文化、教育等诸多领域的联系更为密切,已经形成多重互动网络,中国和东盟曾以此为依托开展了一系列旨在增进社会理解、夯实民意基础的人文交流活动。"事实上,各种西方宗教的海外华人信众,往往能较西方民众更加真实地把握中国国内的宗教状况。同时,相较于中国自身而言,他们更加懂得亦更有能力将中国国内的真实情况告诉西方社会。这种双向的优势,使海外华人中的西方宗教信众完全有可能充当在宗教领域中外互相理解的传译者。"②

早在2005年,亚欧首脑会议机制便开始召开由成员国政府官员和宗教、学术等界别人士参加的"不同信仰间对话会议"(后升级为"不

---

① 《雅京省长钟万学会见深圳市委书记马兴瑞,探讨雅京与深圳之间的互动与合作机遇》,载《和平日报》,2016年5月26日。
② 徐以骅、邹磊:《信仰中国:宗教与中国对外战略和两岸关系》,载徐以骅、邹磊主编:《宗教与中国对外战略》,上海:上海人民出版社,2014年版,第14页。

第七章 东南亚华人基督宗教社团参与中国-东盟人文交流的模式路径与互动实践

同文化与宗教间高级别对话会议"),其倡议方涵盖了中国和新加坡、菲律宾、印尼等重要东盟国家。中方多次派出外交部、国家宗教局、中国基督教协会、中国天主教神哲学院等方面代表专程赴会积极宣传中国宗教政策。中国作为当今世界最大的《圣经》印制输出国,印刷的《圣经》已经输出到全球约 5.5 万个教会组织。在 2007 年中国主办第三届亚欧不同信仰间对话会议时,中国与东盟国家基督宗教社团代表共同参观了南京爱德圣经印刷厂,展现了《圣经》在中国印刷、出版、发行的全过程。通过这一开放性的对话机会,海外基督宗教社团感知到中国政府对于教会教育和宗教文化的尊重和支持。

2010 年 5 月 28 日,当时中国唯一的中英双语礼拜教堂——苏州工业园区独墅湖基督教堂在历经两年建设后正式启用,以中国基督教三自爱国运动委员会主席傅先伟和新加坡圣公会大主教周贤正为代表的中国基督教组织精英和东南亚华人基督宗教社团首领共同出席了落成典礼。[①] 该教堂高 51 米,属于典型的哥特式建筑风格,总建设面积为 5600 平方米,总投资达 3900 万元,可供 2100 人同时礼拜。残疾人专用电梯、多语种礼拜堂等人性化设施一应俱全,堪称"苏州最大最美的基督教堂"。项目的建成和使用既能够为工业园区近万名基督教徒(包括 5000 多名外籍信众)提供舒适的信仰生活场所及相关服务,又通过宗教教义和艺术元素的紧密结合向社会公众呈现出基督宗教文化的感染力和吸引力。这种跨国人文交流有助于强化宗教情感与族群认同,从而为促进苏州吸纳外来投资、优化当地营商软环境、宣示中国尊重外籍友人宗教信仰等作出了自身应有贡献。

基于宗教本身的独立性、思想性、权威性,宗教人文交流往往能够直接融入对象国信仰特性、价值观念和文化传统,其国际吸引力和感召力完全有可能从目前的"圣物"和"实践"层次逐渐提升到"制

---

① 《全国唯一中英双语礼拜教堂在园区落成使用》,http://www.sipac.gov.cn/sipnews/yqzt/dshjt/xgbd/201005/t20100528_65057.htm。

度、范式和思想层次"。① 2013年10月,习近平主席和李克强总理曾先后访问东南亚,并倡议通过举办文化交流年等活动来加强中国与东盟国家的人文交流与合作。同月,在文莱举行的第十六次中国-东盟领导人会议决定将2014年确定为"中国-东盟文化交流年",这也成为中国与作为一个整体的区域组织共同举办的首个文化交流年活动。2014年4月至12月,"中国-东盟文化交流年"活动在两地区陆续展开。据不完全统计,仅中方纳入此框架内的交流项目便达150多项,宗教与新闻、影视、出版、体育、旅游、青年等共同构成了双方互动议程。来自东盟地区的华人基督教社团积极发挥其海外行动优势,先后参与了"中国-东盟文化论坛""南洋文化节""欢乐春节"等演出、展览、培训和交流活动。

基督宗教信仰成为能够持续影响东南亚华侨华人情感和基层民众思维的直接渠道。无论是布道、祈祷、弥撒、忏悔等常规宗教仪式所承载的灵性沟通环节,还是在宗教节庆日或双边关系纪念日举办的大型聚会、研讨、游行、庆典等文化活动,都能够将宗教教化与世俗交流融为一体,并因内容丰富和形式多元而吸引民众广泛参与其中。例如:2018年4月11日,由中国国家宗教事务局主办的博鳌亚洲论坛2018年年会"宗教领袖对话"分论坛举行,这是博鳌亚洲论坛第四次举行宗教分论坛。本次论坛主题为"行愿大千,心手相连——共建人类命运共同体"。圣公会环南教会前主席、圣公会新加坡教区荣休主教、圣公会东南亚教省荣休大主教周贤正受邀参加论坛,他代表基督教与佛教、道教领袖代表,就亚洲宗教现状、宗教交流、宗教贡献、宗教包容、宗教意义等展开对话和探讨。针对习近平主席在开幕式上提到的有关"人类社会向何处去?亚洲的前途在哪里?"的问题,周大主教认为,亚洲在宗教领域的世界贡献应当与其经济和文化地位相匹

---

① 徐以骅、邹磊主编:《宗教与中国对外战略》,上海:上海人民出版社,2014年版,第20页。

配，不同的宗教文化能够通过学习交流发挥积极的普世影响；针对宗教在当代社会的意义，周大主教谈到，2018年恰逢和合本圣经诞生100周年，南京爱德印刷厂目前是全世界印刷圣经最多的地方，这成为华语宗教文化影响世界文明圈层的标志性事件；而针对宗教的社会关怀问题，周大主教呼吁，民间团体尤其是基督教团体能够为社会发展进步贡献很多免费资源，从而成为传统政府治理的有益补充。[①] 总之，人文交流互动当中的"跨国人文交流过程能够发挥'文化经纪人'的作用，而交流项目能够以更加重要的方式，为'文化经纪'提供'中立空间'"[②]。

第二节 民间跨境互动模式

从实践层面来看，官方机构主导下的人文交流模式难免会受到国家战略和外交关系等因素的影响，由于长期的历史隔阂和认知差异，改革开放之前中国宗教对外交往活动长期中断，包括东南亚地区在内的海外基督教界对于中国基督教事业也存在着不少误解，少数基督教团体和个人便借机宣扬"中国教会分裂论""中国官办教会论"，攻击中国宗教信仰自由政策及中国基督教团体的爱国立场，[③] 致使中国的宗教国际形象被扭曲。

冷战结束后，众多国家附属行为体、非政府组织、超国家机构等频繁参与甚至主导人文交流活动，所谓"从公众到公众"（Public to Public，P2P）的网络化模式日渐活跃。而作为一种人与人之间直接进行交流认知的情感纽带，宗亲信众之间本身便存在着天然的亲近感与

---

① 《圣公会新加坡教区周贤正主教在博鳌亚洲论坛2018年年会上的发言》，http://www.gospeltimes.cn/index.php/portal/article/index/id/44683。
② Giles Scott-Smith, "Exchange Programs and Public Diplomacy", in Nancy Snow and Phillip M. Taylor, eds. Routledge Handbook of Public Diplomacy, New York: Routledge, 2009, p. 53.
③ 张永广：《改革开放以来中国基督教会对外交流活动述评》，载《世界宗教研究》，2015年第2期，第173页。

认同感,由宗教社会团体倡议参与的人文交流活动往往基于主观意愿和自觉意识,并显示出政治"脱敏"性、议程多样性、路径灵活性、持续稳定性等一系列优势。近年来,伴随着海外华人对于中华文化认同的显著强化,以及东南亚华人基督宗教信徒社会地位的逐渐提升,此类社团除了积极参与中国政府与东盟机构举办的相关人文交流活动,其与中国大陆及港澳台地区基督宗教社团之间的信仰对话和民意夯实等跨境往来也十分频繁。

一、双边民间互动实践

冷战结束后,中国基督宗教机构与东盟各国华人基督宗教社团在对外交往中的自主性不断提升,以往被动接受邀请、配合参与官方活动的局面正在改善,有些民间交流互动甚至先于官方层面率先取得了进展,并带动了双方人文交流活动的开展,从而呈现出"民间先行、以民促官"的特征。如表7所示,通过有意识地将"走出去"与"请进来"协调起来,一系列东南亚华人基督宗教社团已经与中国同行建立了主内友好关系,双方积极进行联络互访、参观交流、座谈研讨,互动重心已由礼节性互访逐步转向教牧人员进修、神学生培养、慈善救助等实质性合作,这使得东南亚华人基督宗教社团能够与中国同行进行更为深入的心理、习俗和文化互动,中国教会"在灵性上、神学思想、圣经知识、教牧工作经验等方面得到造就,在人才培养方面得到很大的帮助,在具体圣工方面也得到技术、经验、财力、物力的分享"[①]。

例如:中国基督教协会副会长兼总干事阚保平牧师一行曾于2015年5月20日赴雅加达出席了"亚洲基督教会议"(CCA)[②]第十四届

[①] 罗伟虹主编:《中国基督教〈新教〉史》,上海:上海人民出版社,2014年版,第812页。
[②] "亚洲基督教会议"(CCA)成立于1957年,是一个以亚太国家和地区为主体的教会合一组织,目前在亚洲拥有17个全国性和地区性协会成员和101个会员教会,并囊括了菲律宾、印尼、马来西亚、泰国、缅甸、老挝、柬埔寨、东帝汶等众多东盟成员国,大会每五年举行一届。1980年10月20日,时任亚洲基督教会议总干事的叶金豪牧师曾应邀访问中国,也借此机会打开了中国基督教会同亚洲地区基督教机构友好交往的通道。

大会，这是中国基督教代表团首次出席该组织的大会活动。在与来自28个国家和地区的约450名代表友好交流之余，中国代表团成员还专门访问了印尼教会联合会（PGI）、印尼华人基督教联会（PGTI），以及当地最大的华人教会印尼基督耶稣教会国语堂（GKY），与相关负责人就教会发展、宗教和睦、社会和谐等广泛议题进行了深入交流。① 例如：2017年7月19—26日，应马来西亚圣经公会及新加坡四宗（圣公宗、信义宗、卫理宗、长老宗）华文教会理事会的邀请，以时任中国基督教三自爱国运动委员会主席傅先伟长老为团长的中国基督教两会代表团一行六人对马来西亚和新加坡进行了友好访问。访问期间，代表团广泛接触了马、新两国教会领袖，与马来西亚基督教协会、新加坡基督教协会进行座谈，举行了多场公开讲座，接受了两国主要华文报纸的专访，访问了马来西亚圣经公会和联合圣经公会中国事工部，以及当地教会和社会服务机构，参加主日礼拜并致辞、证道、献唱。在新加坡，代表团还与新加坡卫生部长进行了友好交流。通过这些参访活动，中国基督教社团介绍了中国的"一带一路"倡议，正面宣传了宗教信仰自由状况，分享了中国基督教会的发展现状和积极作用，访问起到了讲好中国教会故事，消除误解、增进互相了解，加强教会团契友谊的目的。② 总之，以上各类活动无疑有助于东南亚社会通过华人基督教社团客观了解中国基督教的发展现状，并为发展中国家基督教社团融入全球基督教体系提供有益的经验探索。由此可见，尽管由民间信仰组织倡议的许多活动及主观目的并非完全出自人文交流考量，但在客观上却起到了人文交流的效果。

---

① 《阚保平牧师访问印度尼西亚教会联合会和印尼华人教会》，http://www.ccctspm.org/news/de_re/2015/525/15525763.html。
② 《中国基督教代表团访问马来西亚和新加坡》，https://www.gospeltimes.cn/portal/article/index/id/41779。

表7 近年来东南亚华人基督宗教社团与中国基督教及天主教同行的跨境互动

社团名称	到访两会案例	两会出访案例
新加坡四宗华文教会	2010年11月22日,代表团一行五人来访,双方就教会青年事工、戒毒所创办等进行了深入交流。 2015年9月7日,代表团一行11人来访。 2019年6月18日,代表团一行17人来访,双方围绕神学教育、社会服务、基督教中国化等事工展开了深入友好的交流。	2017年7月19—26日,傅先伟长老率团应邀访问新加坡、马来西亚,广泛接触两国基督教社团领袖与服务机构。
新加坡圣公会	—	2009年11月28日—12月2日,中国基督教三自爱国运动委员会主席傅先伟长老出席了圣公会新加坡教区成立100周年庆典活动。 2009年12月15—22日,中国基督教协会副会长林志华一行21人参加了"中国-新加坡2009宗教文化展"。
新加坡卫理公会	2011年4月8日,会督罗伯·苏诺铭(Robert Solomon)等一行六人来访,双方就神学教育、人才培养、圣经出版、社会服务等进行了广泛交流。 2014年5月28日,会督黄文合(Wee Boon Hup)一行七人来访。	—

第七章　东南亚华人基督宗教社团参与中国–东盟人文交流的模式路径与互动实践

续表

社团名称	到访两会案例	两会出访案例
新加坡基督教会协会	—	2009年3月20—27日，两会应邀访问了新加坡三一神学院，参观了教会管理的社区服务活动，参加了"21世纪宣教合作与伙伴关系国际研讨会"。
新加坡宗教联谊会	2008年11月14日，代表团一行15人来访，双方互相介绍了自身机构与事工，并对宗教和睦等议题进行了深入交流。	
印尼基督教会联合会	—	2011年10月4—7日，中国基督教协会应邀参加"全球基督徒论坛"第二届大会。
印尼华人基督教联会	—	2015年5月20日，中国基督教协会副会长兼总干事阚保平牧师一行应邀出席了"亚洲基督教会议"第十四届大会。
菲律宾福音派教会联会	2018年4月13日，尼奥·潘多加主教（Bishop Noel A. Pantoja）一行15人来访，双方就神学教育、社会服务、基督教中国化等展开深入交流，并探讨了合作的可能性。	—
泰国基督教总会	—	2016年3月14—16日，代表团一行四人应邀出席全委会开幕式，并参观总会开办的基督教学校和医院等机构。

续表

社团名称	到访两会案例	两会出访案例
	到访"一会一团"案例	"一会一团"出访案例
新加坡联合圣经公会	2012年1月17日，叶顺贵先生来访，双方就教会出版和公益培训等进行了友好交流。 2017年10月16日，中国事工部项目经理符玉莲一行五人来访，双方就圣经推广、牧灵服传、社会服务等进行了深入交流。	—
越南天主教代表团	2007年9月25日，胡志明市教区圣方济各堂主任司铎、越南南方华人天主教专员黄柱权神父一行六人来访	—

资料来源：中国基督教网，http://www.ccctspm.org；中国天主教网，http://www.china catholic.cn/。

近年来，海外华人前所未有地频繁造访其祖居地，并积极参与旨在振兴民间传统的各项活动，在此过程中，他们通过种种渠道、运用传统方式进行跨越国界、跨越大陆的重新整合。① 其中，东南亚华人基督宗教社团与中国闽、粤、桂、浙等侨乡基督组织的跨境互动日渐频繁，并已开始深入到云、赣、豫、甘等其他省份，这既体现了东南亚基督信众对于祖籍国在灵性层面的"负担"，又反映了华侨华人对于故土"饮水思源"式的深厚情感，传统乡情与乡土资源在基督宗教、社会空间与商业经济之间的跨国互动中得以表达、强化和重构。2011年4月15—20日，应新加坡基督教会的邀请，时任江西省基督教三自爱国运动委员会主席李保乐牧师、副主席兼江西圣经学校校长林峰牧师和江西省民族宗教事务局处长宋亚平一行三人访问了新加坡教会。在

---

① Hong Liu, "Old Linkages, New Networks: The Globalization of Overseas Chinese Voluntary Associations and its Implications", *The China Quarterly*, No. 155, 1998, pp. 582-609.

新加坡期间,江西省基督教两会代表团访问了新加坡浸信会联会、联合圣经公会、新加坡圣经公会、新加坡三一神学院、新加坡四美关怀中心和圣安德烈社区医院等教会组织和福音事工机构。2014年3月13—18日,世界循道卫理宗华人联会访问团一行14人由该联会主席——时任台湾地区基督教卫理公会年议会林长赠会督和该联会总干事——新加坡基督教卫理公会年议会前任会长邱仁发牧师带队对福建基督教教会进行为期五天的友好访问。访问团的成员为来自新加坡、马来西亚等国,以及中国香港和中国台湾地区的卫理宗华人教会领袖,其中大部分牧长祖籍来自福建。在几天的时间里,访问团访问了福建省基督教两会、福建神学院、福州市基督教两会,以及平潭和福清基督教两会,参观了平潭和福清等地的教会、培训中心和老人院等社会服务机构。在省基督教两会时,省两会负责人岳清华主席等热情接待了访问团一行,岳主席向访问团介绍福建教会和福建神学院的情况。看到福建教会的复兴景象,访问团成员们非常兴奋,表示愿意继续关心支持福建教会的发展,特别是福建神学院的建设。① 2016年9月10—15日,马来西亚古晋华人教会一行19人由罗祖澄牧师带领走访福建省基督教两会、福建神学院、福州和厦门等地教会。9月12日上午,时任福建省基督教两会副秘书长杨国忠牧师、省基督教协会副总干事林德来和时任福建神学院教务长郑宝兰牧师等在福建神学院接待了来访客人。随后客人们参观了福建神学院校区各项设施。古晋教会位于马来西亚砂拉越,当地的基督福音早期正是由福建地区传入,至今当地仍然生活着相当多的福州籍华人及后裔,此次来访中的大部分教会人士先人便属福建祖籍,这也是他们第一次回到故乡参观,家乡的日新月异和教会的健康发展也令其倍感亲切、赞誉有加。正如王赓武先生所言:"因而,帮助'新移民'与他们在中国大陆的家庭和家乡建立一

---

① 《福建教会接待世界循道卫理宗华人联会访团》,http://www.ccctspm.org/newsinfo/4500。

种新型的联络和交流方式就成了一项至关重要的任务。"①

二、多边民间互动实践

中国-东盟民间多边人文交流的启动虽然相对较晚，但却因参与性强、受众广泛、影响深入而倍受双方重视。20世纪中期以来，伴随着世界宗教的重心转移和第三世界的宗教崛起，各大洲和地区之间的宗教互动而非单向传播正日益呈现出方兴未艾之势。

"一带一路"倡议为中国人文交流事业的内涵提升注入了全新动力，较之于此前的争取支持和学习经验，讲好"海外华人故事"和"中国宗教故事"逐渐成为一项重要议程，凭借一些区域性、洲际性乃至世界性的信仰对话平台，东南亚华人基督宗教社团积极推进东盟与中国同行进行多边良性互动。2011年10月4日，印尼基督教会联合会等社团曾作为主办方专门邀请中国基督教组织赴美娜多市参加"全球基督徒论坛"（GCF）②第二届大会，来自65个国家的各大基督宗派机构代表与印尼当地基督教知名人士近700人共同参与了此次国际盛会。尽管这是中国基督教代表首次参加"全球基督徒论坛"大会，但借助这一开放性的民间信仰对话机会，中国基督教民间团体向海外基督教社团诚恳表达了自身的信仰情怀，而与会代表则展现出相互借鉴信仰团体发展经验的强烈意愿，大会最终达成的两个重要文件当中均明确提到了"重新崛起的中国教会"。2017年7月13—17日，世界循道卫

---

① 王赓武:《天下华人》,广州:广东人民出版社,2016年版,第245页。
② "全球基督徒论坛"（Global Christian Forum）倡议最早由"世界基督教教会联合会"总干事 Konrad Raiser 于20世纪90年代中期提出,是一个囊括了世界主要基督教派代表及全球性基督教组织代表的广泛性民间对话机制。论坛大会每四年举办一届,由亚洲、非洲、北美洲、南美洲等区域轮流承办,反对"会员制"式的固定封闭参与模式。其中,首届论坛大会于2007年在肯尼亚举行,各方代表约250人围绕主题"当今基督徒被世界召唤的任务是什么?"展开了深入交流。

第七章　东南亚华人基督宗教社团参与中国-东盟人文交流的模式路径与互动实践

理宗华人教会联会（WFCMC）[①] 第七届宣教大会在香港举行，共有来自印尼、缅甸、新加坡、沙巴地区、砂拉越地区、西马地区和美欧地区的722名代表参会，其中，马来西亚基督教卫理公会华人年议会的69人团队里，便包括了30名牧者和传道。作为新加坡三一神学院前院长、新加坡总统宗教前理事、华宣大会主题讲员、北京大学等中国多所知名大学客座教授，钟志邦先生高度褒奖了中国崛起对于华人普世宣教的重要意义，他认为改革开放为中国香港教会带来生机并积极参与中国教会举办的活动，尤其是提供神学教育和培训事工，中国台湾地区教会的出版、文字事工和神学教育对于全球华人教会的影响也很明显，新加坡和马来西亚等东南亚国家华人教会与中国同行的密切交往更是对"文明冲突论"的有力回应。由此可见，信众在这一跨国社会领域（transnational social field）当中交往，并不一定强调归属感（belonging），也不一定需要认同任何与该领域相关的文化政治，而是个人在其中参与的状态。[②]

通过组织参与信息发布、公开演说、学术讨论等各类旨在增信释疑的人文交流活动，东南亚华人基督教社团始终坚持针对危机事态表明中性温和立场，积极对中国发展及华人教会进行正面宣传，及时"过滤"某些政客或利益集团的不负责任言论，澄清驳斥少数歪曲事实的错误论调，引导东盟官方及民众理性看待彼此争议。2017年11月13—16日，应泰国基督教总会的邀请，中国基督教三自爱国运动委员会副主席、陕西基督教会主席、会长王俊牧师代表基督教全国两会前

[①] 世界循道卫理宗华人教会联会（World Federation of Chinese Methodist Churches）成立于1987年，主要致力于持续推进各国及区域循道卫理宗华人教会的联络与合作。下设传播委员会、宣教与布道委员会、宗教教育委员会、崇拜（圣乐与礼仪）委员会、神学委员会、社会服务委员会、华宣基金等核心机构，执行理事会由新加坡、马来西亚、台湾、香港及澳洲循道卫理宗华人教会的会督与会长组成，每隔五年轮流举办一届宣教大会，并建立起世界循道卫理宗华人教会联会执行理事会、世界循道卫理宗华人教会联会青年领袖大会等其他沟通联络机制，现已合作编译本宗神学书籍，集中举办培训及研讨活动，共同支持柬埔寨等国的宣教事工。

[②] Peggy Levitt and Nina Glick Schiller, "Conceptualizing Simultaneity: A Transnational Social Field Perspective on Society", *International Migration Review*, No. 3, 2004, p. 1010.

往泰国清迈参加了主题为"在基督里走向合一"的基督教会议。除泰国基督教总会外,还有新加坡长老会、菲律宾福音派卫理公会、柬埔寨 NTC 私立教育集团等东南亚基督教社团,以及来自美国、欧洲、南亚、东亚等其他地区的基督教社团,共计 60 多位代表参加了此次为期两天的会议。令人意外的是,中国台湾地区长老会在发言时宣读了具有明显"台独"倾向的主张,甚至公然向与会者发放内容相同的中英文书面材料。面对此突发状况,王俊牧师立即与全国基督教两会取得联系,并要求会议主办方制止其不当行为。在正式上台发言环节,王俊牧师首先向与会者严正声明,台湾是中国领土不可分割的一部分,一个中国原则是中国教会和其他教会开展友好交流合作的基础,并在研讨环节逐一介绍了中国教会的有益实践,如基督信徒参政议政、服务基层教会、基督教中国化、社会服务事工等等。① 通过以上回应与分享过程,中国基督教组织不仅向外部世界强有力地申明了反对"台独"势力、维护祖国统一、支持民族团结等立场,而且向基督教社团同行宣传了欣欣向荣、追求智慧的中国教会形象,有助于强化中国基督教组织与东南亚基督教社团之间的理解认同,探索和促进各方在教会事工等方面增信释疑、强化合作。就此而言,东南亚华人基督教在跨区域层面上充分发挥了宗教的聚合社群功能、文化缓冲功能和预防性人文交流功能,通过专业知识和广泛联系积极矫正视听,有效平衡了海外反华宗教势力的破坏力。"如果能以恰当的方式,与海外华侨华人宗教社团构建起友好协作关系,则可能有机会和先前与中国缺少交流,甚至对中国宗教、民族政策、社会发展产生误解的包括海外华人在内的宗教组织以及其他社团,还有当地社会族群及主流社会建立起联系,了解他们误解产生的原因,向他们说明中国的真实情况,最终为祖国

---

① 《王俊牧师代表基督教全国两会参加泰国基督教会议》,http://www.sxjdj.org/shownews_s.asp? id=1402。

第七章 东南亚华人基督宗教社团参与中国-东盟人文交流的模式路径与互动实践

统一、领土完整、民族团结多争取一些海外友我力量。"①

在美国学者罗德尼·斯达克和罗杰尔·芬克等学者建立的所谓"宗教经济模型"当中,任何社会的宗教子系统都跟世俗(或商业)经济子系统完全类似,表现为两者都包括有价值的产品的供求互动。宗教经济的构成包括现有的和潜在的信徒(需求)市场,寻求服务于这个市场的一些组织(供应者)以及不同的组织所提供的宗教教义和实践(产品)。②面对新一轮欧美经济危机诱发的连锁反应,"世界华人福音事工联络中心"("华福中心")曾专门举办"全球华人基督徒企业 CEO 百人论坛",并分别于 2014 年和 2015 年在台北和温哥华连续召开了两次年会。其中,2014 年年会的主题为"职场与教会:共同完成国度使命",在 130 余位与会者当中,绝大多数为华人基督徒企业家。与会代表就智慧经营、职场宣教、仆人领导、华人事工等议题进行了深入的沟通,促进了华人基督教精英人士的信息共享和经验交流。为了积极应对全球商业环境动荡、人才流失与绩效下降等沉重压力,帮助华人基督徒企业家更有智慧地持续发展并发挥影响力,"2015 全球华人基督徒商界领导力高峰论坛"在温哥华举行。值得关注的是,此次盛会吸引了来自欧美和中东等其他地区的华人基督教精英的广泛参与,其成功举办标志着全球华人基督教职场领袖正尝试跨国联结并开展合作。

总之,随着时代的发展、国际环境的变化,尤其是在和平与发展成为时代主题的大环境下,海外华人社团呈现出职能权益化、发展多样化、"华文教育"化、维"统"反"独"化、国际经济化等全新发展趋势,这在近年来东南亚华人基督宗教社团与中国侨务-宗教民间的跨境互动当中得以展现。"这些国际性华人社团的形成与发展,一是由

---

① 钟大荣:《华侨华人宗教与民间外交》,载郑筱筠主编:《东南亚宗教与社会发展研究》,北京:中国社会科学出版社,2013 年版。

② 罗德尼斯·达克、罗杰尔·芬克著,杨凤岗译:《信仰的法则——解释宗教之人的方面》,北京:中国人民大学出版社,2004 年版,第 44 页。

于海外华人心灵深处对于同宗同文之情的归属感,二是华人经济适应时代潮流、谋求跨国发展的客观需求,后者以前者为载体,形成了推动华人社团编织国际网络的持久而强大的动力。他们通过充满同宗同文之亲情的人际网络,成为在不同国家的华人之间传播资金、技术、专门知识等重要信息的渠道,成为汇聚华人力量、共谋时代发展的纽带,增强了华人族群在当今世界上的群体竞争力。"① 需要补充的是,尽管民间互动模式具有人文交流的性质,但在本质上又明显区别于民间外交,那些纯粹由侨务-宗教民间机构或非政府组织开展的人文交流活动理应归入民间外交范畴,只有民间跨境互动实践才能真正被称为侨务-宗教人文交流活动。

第三节 民间-官方跨境互动模式

澳大利亚学者马克·威廉姆斯(Marc Williams)认为,非政府组织"正从外交舞台的边缘走向中央,并以逐渐强大的力量影响及干预主权国家的外交议程与政策,从而构建主权国家的国际形象。"② 美国学者玛格丽特·凯克(Margaret E. Keck)和凯瑟琳·辛金克(Kathryn Sikkink)将那些来自五湖四海的活动家组成的、以道德理念或价值观为核心、活跃在国际舞台上的网络称为"跨国倡议网络"。倡议网络中的行为体包括国际和国内的非政府研究和倡议组织、地方社会运动、基金会、媒体、教会、商会、消费者组织和知识分子等,他们之间是平等地、自愿地结合在一起,组织的活动是通过民主和非强制的方式展开的,主要目标是为了提倡某种事业、道德观念和规范来促进各国政策的变革。具体而言,跨国倡议网络的政治策略主要包括信息政治、

---

① 周聿峨:《当代海外华人社团与统战工作》,载中国统一战线理论会编:《港澳海外统战工作新探索》,广州:广东人民出版社,2008年版,第347—348页。
② 马克·威廉姆斯、张丽君:《非政府组织在公共外交中的身份分析》,载《公共外交季刊》,2014年第6期,第50页。

象征政治、杠杆政治、责任政治等四种渠道提出问题和设置议程，影响国家和国际组织的话语立场，对制度程序施加影响以及对国家行为体的政策进行说服和施压。① 就此而言，东南亚华人基督宗教社团有望为中国与东盟及其成员国政府部门建言献策、牵线搭桥，甚至以调解者的身份在有关主体之间积极斡旋，化解危机，弥合分歧。与此同时，此类主体还可能将住在国社会民意特别是对中国发展存在的疑惑反馈给相关部门，并将住在国主流社会的核心理念传递给中方，从而增进相互了解和双向交流。例如：印尼华人基督教联合会（PGTI）的核心机构"对外联谊部"便在介绍自身职能时明确指出"汇集资讯建议经考虑后交给相关部门，探讨是否有事奉合作之可能"②。

一、双边民间-官方互动实践

1982—1990年期间，新加坡宏船法师曾经先后八次访问中国，不仅密集会见中国国家领导人和宗教界领袖，而且积极参访佛教圣地并帮助重建相关佛寺，③ 由此造就了中新两国宗教人文交流史上的一段佳话，并为两国最终建立官方外交关系和正式外交渠道奠定了基础。此后双方一直在侨务合作、宗教交流、社团治理等政策领域保持着正式或非正式对话。2006年2月初，时任国家宗教局局长叶小文一行应邀出席了基督教圣公会新加坡教区周贤正主教荣升东南亚教省大主教的升座典礼，并参加了东南亚教省成立十周年的庆典活动。在此次庆典活动中，叶小文局长、中国基督教两会季剑虹主席、曹圣洁会长受到了主办方高规格的接待和礼遇。叶小文作为主宾发表了热情洋溢的英文演讲，并受到新加坡时任总统纳丹的亲切接见。叶小文不仅表达了加强中新两国宗教交流、促进两国友谊的良好愿望，而且向与会宗教

---

① 玛格丽特·凯克、凯瑟琳·辛金克著，韩召颖、孙英丽译：《跨越国界的活动家：国际政治中的倡议网络》，北京：北京大学出版社，2005年版，第9—15页。
② 印尼华人基督教联合会，https://pgti.co.id/page/6/-bidang-hubungan-luarmasyarakat。
③ 谢明达：《中新关系中的佛教——宏船法师及其访华（1982—1990）》，载《东南亚研究》，2013年第4期，第78—90页。

领袖客观宣传了中国的宗教信仰自由政策,其中有关促进世界宗教文明对话与和睦相处的设想还得到了许多宗教领袖的积极响应。除此之外,周贤正大主教在任期还积极依托圣公会环南大主教团的跨境网络,两度安排中国宗教事务局局长及官员远赴非洲进行访问,以期深入了解基督教会在非洲国家及社会中的建设性,特别是如何使作为公民的基督教徒成为国家精神和社会资源。周大主教曾在接受《联合早报》采访时建议:"上海的几个大教会教友都在万人以上,而其中一个教会的会友中,有医护训练背景的就有数百人,如果能积极鼓励培训这些人,他们将能成为社会上很好的义工。如果中国方面能够鼓励民团教会和我们在这个概念上进行探讨合作,新加坡圣公会很愿意把整个建设管理配套转移给当地政府及教会。这也符合新中从经贸科技合作进一步扩大到社会管理经验的交流。"① 由此可见,"由于非政府组织的成长,一个国家在其他国家公众心目中的国家形象真正具有了公共性和自主性,无论对于政府决策还是公共舆论,都具有十分深远的影响。在发达国家和发展中国家,社会性因素发挥着日益增长的重要作用,它们通过向政府施加压力和向决策者提供专业技术知识来影响政策。"②

"侨乡社会资本",即"侨乡通过已定居移民、信息网络和人情互惠提高移民操作的成功率及获益率的能力,是一种社会资本,其基本载体是侨乡的跨国民间网络,其运作机制是侨乡群体以跨国迁移为依托的互惠原则,而与发达国家劳动力市场的有效链接则形成侨乡社会资本不断增殖的效益特性。……这种资本有望转化为经济资本、文化资本乃至政治资本,但如此转化只有在如愿跨境输出人力资源的条件下才能实现。"③ 以印尼华人基督宗教社团及精英参与的跨境侨乡互动为例,作为印尼华人基督教会联会副主席、印尼基联光盐基金会主席、

---

① 李慧玲:《搭建新中关系另一道桥的主教》,载《联合早报》,2012 年 9 月 29 日。
② 韩方明主编:《公共外交概论》(第二版),北京:北京大学出版社,2012 年版,第 75 页。
③ 李明欢:《"侨乡社会资本"解读:以当代福建跨境移民潮为例》,载《华侨华人历史研究》,2005 年第 2 期,第 40 页,第 47 页。

印尼雅特佳集团（ATEJA GROUP）主席张静毅先生长期以来一直热心祖籍地福建长泰的公益事业和教育事业，先后捐资新建林墩基督教堂、枋洋基督教堂、枋洋村村道水泥路。2012年7月8日在厦门市"侨爱心工程"捐款仪式上，张静毅专门为黄埔乡侨心小学教学综合楼捐赠21万元。2012年10月，张静毅返乡参加长泰县基督教枋洋堂建堂124周年暨新殿献堂十周年的庆典活动，时任长泰县侨联主席陈海金、副主席李贤儒专程赴枋洋拜访，促膝交谈，增进友情，并诚挚邀请张静毅参加拟于2012年11月中旬召开的长泰县第九次侨代会。① 又如：2015年5月12日，广西壮族自治区侨联、广西华商会分别以自治区侨联主席韦干和自治区原侨联副主席、时任广西华商会副会长兼秘书长王永朗为团长，以非政府组织的民间身份，专门拜会了雅加达首位华人省长钟万学，转达了广西壮族自治区政府领导对钟万学的问候，并转交其在柳州、桂林居住的亲人近照。钟万学对广西多年来给予的支持表示感谢，也感激广西侨联多次到柳州和桂林探访和慰问他的亲人，协助当地政府给予亲人照顾。他欢迎中国企业家到雅加达省投资办企业，并回答了代表团提出的关于港口码头建设、城区旧房改造、教育投资方面的政策咨询。② 2015年5月25日，在印尼当地侨领和中方媒体记者等共同努力下，广东梅州市代表团一行专程赴雅加达拜访了钟万学，共话客家传统与执政理念，并向其发出参加第四届世界客商大会（梅州）的邀请。在中国与东盟共建"面向21世纪海上丝绸之路"的全新背景下，此类互动有助于充分发挥侨领组织与海外联系的传统优势，持续推进中国侨乡工商界与东盟成员国华社精英之间的友好交流及密切协作。

二、多边民间-官方互动实践

伴随着东盟国家市民社会的持续孕育，特别是2013年中国"一带

---

① 《印尼侨商返乡访问 热心福建长泰公益教育事业》，http://www.chinanews.com/zgqj/2012/11-07/4307706.shtml。

② 林涌泉：《广西：吟"丝路"新篇 筑合作平台》，载《广西日报》，2015年7月15日。

一路"倡议提出与 2015 年"东盟共同体"建成等历史契机的到来，中国与东南亚在华人社会和基督宗教等维度上的交流合作进一步深化，这种探索对于进一步夯实中国-东盟战略关系的社会民意基础也必将大有裨益。值得一提的是，尽管社团首领与精英阶层相对于普通族裔和信众群体人数有限，但由于针对侨务-宗教人文交流议题的分析更为全面、深入、理性，因此便更容易通过跨境互动而引起双方决策层的广泛重视。

2015 年 5 月 31 日，第二届中国-东南亚民间高端对话会在印度尼西亚巴厘岛举行，来自中国及 11 个东南亚国家的政要、宗教人士、企业家、专家学者等 200 余名代表参会。中国佛教协会会长学诚代表"中国宗教和平委员会"组织（包括中国基督教两会、中国天主教一会一团等五大宗教组织，简称"中宗和"）在分议题对话会上发表题为"宗教对话与海上丝路"的主旨演讲，借此机会发出双方宗教界的共同心声。学诚法师特别指出，"在全球化和现代化的发展趋势下，人类社会日益成为相互联系、彼此依存的命运共同体。如果说世界各国的和平、发展、合作、共赢取决于各种文明的兼容并蓄、交流互鉴，那么各种文明多元共存的理想则有赖于多宗教间的开放交流与和平互动。……中国与东南亚各国各民族之间的文化交流以及宗教对话，必将为'21 世纪海上丝绸之路'的构建提供最佳的助缘。"① 各方最终一致通过了《中国-东南亚民间交流合作倡议书》，倡议书决定努力促进包括非政府组织、智库、媒体等在内的广大民间力量在中国与东南亚民间友好、民意沟通和民生合作等领域发挥更大作用，通过发挥民间特色和优势支持中国与东南亚各国共建"一带一路"，为深化双多边合作奠定坚实的民意基础。具体来看，主要行动倡议包括：建设中国-东南亚非政府组织交流合作网络；开展一系列面向基层民众的教育医疗、减贫开发等民生项目；举办非政府组织研修班等能力建设培训活动，

---

① 《学诚会长出席第 2 届"中国-东南亚民间高端对话会"》，载《法音》，2015 年第 6 期，第 59—60 页。

第七章 东南亚华人基督宗教社团参与中国-东盟人文交流的模式路径与互动实践

针对各自需求培养专门人才，等等。2015年6月1—5日，以"中宗和"副主席、中国天主教主教团主席马英林主教为团长的"中宗和"代表团出席在印度尼西亚万隆举行的亚洲宗教和平会议（简称"亚宗和"）执委会2015年度会议。会议开幕式在1955年万隆会议旧址独立大厦举行，并召开了反对暴力和极端主义研讨会。印尼副总统优素夫·卡拉、外交部部长雷特诺·马尔苏迪等印尼政要出席并致辞。"中宗和"代表团团长马英林主教在研讨会上作总结发言，强调宗教人士应以身作则，倡导和谐宗教观，倡导不同文明和宗教间对话，对话应注重相互尊重、相互包容、相互借鉴。① 由此可见，集体倡议的发起、共同声明的发表、合作框架的签署等规范性做法向中国和东盟开展人文交流提供了政策建议和切实方案，从某种意义上来看双方宗教社团已经在此过程中发挥了服务外交大局的智库功能，能够对中国-东盟人文交流工作实施过程中的机遇和挑战进行研判。因此，如何善用中华在海外的"信仰遗产"来展开"与信仰有关的民间外交"，并有针对性地和有策略地与当地华人沟通……将有利于打破西方文化霸权抹黑的中国形象。②

哈贝马斯曾经指出，除了语言表达的可理解性外，沟通必须同时满足三个有效性的要求：对客观事态的陈述必须满足真实性的要求，称之为真理性；规范调解的行为者之间的关系必须满足正当性的要求，即必须平等对话，不把他人作为利用的工具，不以力服人，恃强凌弱，称之为正当性；主体性的表达必须满足真诚性的要求，即诚心诚意地与对方合作，称之为真诚性。③ 复旦大学徐以骅教授也认为，"宗教对外交流的特点就是水到渠成、润物无声；循序渐进、量力而为；固本

---

① 《"中宗和"代表团赴印尼出席"亚宗和"年度执委会》，http://www.chinacatholic.cn/html/report/15060082-1.htm。
② 甘德孜：《浅论宗教与侨务的结合》，载刘泽彭主编：《"国家软实力及华侨华人的作用"国际学术会议论文集》，广州：暨南大学出版社，2013年版，第188页。
③ 汪行福：《走出时代的困境——哈贝马斯对现代性的反思》，上海：上海社会科学出版社，2000年版，第168页，第181页。

强基、行稳致远；切忌急功近利，拔苗助长；我国宗教团体应发挥在宗教对外交流中的主体性作用，对外交流模式应实现从自上而下到自下而上或从等级制向扁平化模式的转变。"① 就此而言，中国-东盟侨务和宗教领域的人文交流应积极寻求基于"主体间性"（Intersubjectivity）的沟通对话，引导中国基督宗教团体与东南亚华人基督宗教社团共同发掘各自文化体系中的历史沉淀和集体记忆，着力阐释和平、和谐、和好、和合等有益于文明对话和民心相通的精神内涵，并结合当地民众的语言文化、审美情趣、思维方式、社会心理等因素，依托众多新媒体技术平台尝试开发具有针对性的文化产品、传播路径和互动议程，以期让更多的东南亚社会群体了解、认同和分享"海外华人故事"和"中国宗教故事"。

---

① 徐以骅：《从"信仰中国"到"信仰周边"——中国与周边国家的宗教互动》，载徐以骅主编：《宗教与美国社会》（第十五辑），北京：时事出版社，2017年版，第3—13页。

第八章 结 论

塞缪尔·亨廷顿（Samuel Huntington）曾经指出："人们用祖先、宗教、语言、历史、价值观、习俗和体制来界定自己。他们认同于部落、种族集团、宗教社团、民族……"① 澳大利亚学者约瑟夫·凯米莱里和吉米·福尔克也认为，"种族、文化、宗教及文明上的差异是影响人们确定认同和解释生活前景的重要因素"②。由此可见，族群认同主要来源于语言、宗教、文化、遗传等根基性的情感联系，而且这种情感纽带是一种高度稳定的存在。其中，"宗教可以为相关的民族、社群、团体、国家提供价值意义和文化自知，从而为当代世界的文化发展和文明推进起着灵魂作用；这种精神深层次的沟通、交流、对话，乃至融合，将是当代世界稳定、平安、和谐发展的根本保障。"③

在中国-东盟睦邻友好关系和战略伙伴关系朝着全方位、多层次、宽领域、立体化方向转型升级的情势下，双方可尝试依托东南亚华人基督宗教社团充分发掘华人文化及其宗教信仰的传统精髓与现代价值，将华侨华人和基督宗教这一独特的社会文化资源纳入"中国-东盟命运

---

① 塞缪尔·亨廷顿著,周琪译:《文明的冲突与世界秩序的重建》,北京:新华出版社,2010年版,第5页。

② 约瑟夫·凯米莱里、吉米·福尔克著,李东燕译:《主权的终结？：日趋"缩小"和"碎片化"的世界政治》,杭州:浙江人民出版社,2001年版,第4页。

③ 卓新平:《中国宗教与文化战略》,北京:社科文献出版社,2013年版,第180页。

共同体"和"面向21世纪海上丝绸之路"建设,不断开拓区域-侨务-宗教人文交流事业的新局面,为弘扬中华优秀传统文化、促进中国与"一带一路"沿线地区和国家民心相通、实现中华民族的伟大复兴和维护世界和平发展作出新的更大贡献。

第一节 东南亚华人基督宗教社团参与中国-东盟人文交流的角色特性

作为当今新型海外华人社团的典型代表,以及中国-东盟侨务-宗教人文交流的关键载体,东南亚华人基督宗教社团充分发挥自身独特作用和特殊优势,参与迎合了中国-东盟睦邻互信伙伴关系由经济向人文拓展、由官方向民间深入的演进趋势,助推双方人文交流朝着全方位、多层次、宽领域、立体化的方向发展,在弥合人文交流"宗亲信仰缺失"方面扮演着不可替代的角色,也必将为中国-东盟强化战略互信、融合多元文明生态、维护地区持久和平、经略周边共同发展注入新的活力。

一、中国-东盟和平互信关系的维护者

瑞士著名神学家和宗教哲学家孔汉思(Hans Küng)有言,"没有宗教间的和平,就没有世界和平;没有宗教间的理解,就没有宗教间的和平。"[①] 伴随着宗教政治化进程发展和民族社群间摩擦频发,人们愈发意识到,一国国内或国家之间实现和平必须以宗教之间的关系和谐为前提。[②] "相比而言,中国人具有温和、多元和谦虚的特质。与一神教文化不同,中国人的信仰是多重复合的信仰,在思想和宗教领域

[①] Hans Küng, *Global Responsibility: In Search of a New World Ethic*, New York: Crossroad Publishing Corporation, 1991, p. 15.

[②] "A Joint Statement on Dialogue by Protestant and Catholic Churches in Asia", *Buddhist-Christian Studies*, Vol. 10, 1990, p. 213.

所持有的是'和而不同'的态度。……因此，中国人在世界范围内流动，将会把多元信仰带入不同地域和群体之中，而这种跨地域和文化的交流将会调和一神教的极端主义倾向。"① 透过华人基督宗教社团衔接起的国内网络、国际乃至跨区域网络，以及持续性、综合性、多维性、立体性的社会互动进程，中国-东盟区域-侨务-宗教人文交流生动展现出多元文明和谐共存的魅力。长期以来，东南亚地区一些宗教团体的负面宣传和西方媒体的片面报道甚嚣尘上，成为影响中国-东盟传统睦邻友好关系健康发展的干扰因素。通过组织参与信息发布、公开演说、学术讨论等各类旨在增信释疑的人文交流活动，东南亚华人基督教社团始终坚持针对危机事态表明中性温和立场，积极对中国发展及华人教会进行正面宣传，及时"过滤"某些政客或利益集团的不负责任言论，澄清驳斥少数歪曲事实的错误论调，引导东盟官方及民众理性看待彼此争议，发挥了"减压阀""消音器""刹车板"等功效。这对于抵御跨境宗教极端主义势力、避免因族群差异引发的冲突、提升东南亚社会的民意通达、增进整个亚洲地区的文明对话和人民友好等，都有着重要的现实意义和深远的历史影响。

二、中国-东盟包容互鉴关系的促进者

从人类文明发展的角度来看，两千年来的"丝绸之路"在根本上是多元文明的互鉴融通，"一带一路"倡议事关中华民族的伟大复兴，其沿途聚集了多区域、多民族和多宗教等典型案例，将华侨华人和世界宗教等独特资源纳入"一带一路"无疑是该倡议的应有之义。习近平主席在2019年"亚洲文明对话大会"的开幕式主旨演讲中明确指出："人是文明交流互鉴最好的载体。深化人文交流互鉴是消除隔阂和误

---

① 高奇琦：《全球治理、人的流动与人类命运共同体》，载《世界经济与政治》，2017年第1期，第35页。

解、促进民心相知相通的重要途径。"① 2021 年正值中国和东盟正式建立对话关系 30 周年，双方正式宣布建立全面战略伙伴关系，习近平主席在纪念峰会的讲话中明确指出："中国和东盟民族文化宗教多姿多彩，多元包容是我们的共同基因"，要"深化文明交流互鉴，用好地区多元文化特色和优势"。② 通过以海外华侨华人和信仰文明为载体的互学互鉴，与东南亚华人基督宗教社团积极开展人文交流，中国主动向东南亚地区阐释内政外交的最新发展情况，在沿线国家分享中华传统文化精髓，一定程度上增进了外部世界对于中国发展的耐心感知和正面了解，特别是"己所不欲，勿施于人""以礼相待""以和为贵""和而不同"的处世之道。这有助于塑造更加自信、理性、文明的当代中国国际形象，提升东南亚国家政府和社会公众对于中国发展的政策认知。

三、中国-东盟合作共赢关系的开拓者

近年来，中国涉侨和涉教对外人文交流的参与主体、跨境频率、沟通内容、互动方式等方面均有较大改变，如参加或主办区域性乃至世界性多边论坛、建立固定性与长效性交流机制、创新辐射性与联动性互动平台等等。人文交流在阐释国家政策、塑造对外形象、强化关系互动、优化战略环境等方面与"一带一路"目标契合度较高，作为"一带一路"的倡议方与推进者，中国不应仅仅为该倡议推进持续提供强大的公共产品保障，而且应该向沿线区域展现出宗教文化包容与族群和谐共处的中国经验、中国方案和中国模式。通过华侨华人、当地政府、两岸三地双边或多边的互动与促进，文化的相关受体互不否认而是成功进行自我超越，东南亚华人宗教文化和中华传统文化的时代

---

① 《深化文明交流互鉴 共建亚洲命运共同体——在亚洲文明对话大会开幕式上的主旨演讲》，http://www.xinhuanet.com/world/2019-05/15/c_1210134568.htm。
② 《命运与共 共建家园——在中国-东盟建立对话关系 30 周年纪念峰会上的讲话》，http://www.gov.cn/xinwen/2021-11/22/content_5652461.htm。

性、民族性、世界性得以合理彰显，东南亚华人宗教文化模式的形成无疑也是对人类文化丰富性、多元性发展趋向的有力辅证。① 在官方主管机构和宗教社团的共同努力下，中国-东盟以双边关系重要节日、基督宗教重要节庆、人道灾难救援等为契机，持续开展了一系列涉及文化、教育、艺术、慈善的民间交流活动，侨务-宗教社团参与人文交流模式的完整性及连贯性已现雏形，人文交流的重心已逐步由礼节性互访转向实质性合作，经贸先行、人文跟进、协调联动、深度依存的互利合作体系正在推进。"在这个层面，中国政府、人民通过和海外华人以及世界各国政府、人民的关系互动，推动居住国和祖（籍）国双方的国家利益以及地区共同体利益"②，更有助于中国-东盟共同推进区域-侨务-宗教人文交流从相知、相识向互友、互持层级迈进。

第二节　东南亚华人基督宗教社团参与中国-东盟人文交流的瓶颈制约

当前，中国同东盟国家的政治关系更趋友好、经济纽带愈加牢固、安全合作逐渐深化、人文联系不断密切，但双方的认知差异与利益矛盾也日渐凸显。由于东南亚华人基督宗教社团的成长附着于其所处的宗教信仰格局、族群社会环境、交互对象状态、地区社会秩序，其参与中国-东盟人文交流的阻力瓶颈自然也与不同层级的结构性矛盾息息相关，我们有必要针对以下风险挑战进行预防性研判。

一、地区宗教与政治秩序的客观限制

从世界范围来看，东南亚是基督教传播难度极高的地区，除菲律

---

① 钟大荣、张禹东：《东南亚华侨华人宗教的历史角色与当代价值》，载《宗教学研究》，2011年第1期，第216页。
② 吴前进：《论新时期"海内外同胞关系和谐"——21世纪以来新华侨华人与中国的关系互动》，载《毛泽东邓小平理论研究》，2008年第12期，第66页。

宾和新加坡之外,该地区多数国家均处于"北纬10/40度之窗"和"世界未及之民"地带①。尽管基督宗教已经在多元共存的东南亚华人宗教信仰格局中占据了一席之地,但在东南亚多数国家的华人族群信仰格局中,居于主导地位的仍然是道教、佛教、伊斯兰教等传统宗教,以及武圣、妈祖、五谷神等民间信仰,许多华人家庭长辈也因教义或理念差异而反对后代改信基督宗教,那些已经皈依基督宗教的华人精英大多仍保持着祖先崇拜的传统,华人基督宗教社团在信徒发展、机制建设、基础设施、资源配置、组织能力等方面仍具提升空间。

东南亚宗教多元发展模式在推进族群和谐及国家整合的同时,仍然会被一些政治势力用于社会动员和排除异己。宗教外交"轨道中积极的一面在于,它对战争与和平问题有更高层次的理解与感知",但"宗教界潜在的消极面是其排他性的历史倾向"②,而极端民族主义、地区分离主义、暴力恐怖主义等因素则导致该地区的宗教与政治关系更加错综复杂。20世纪70年代以来,受全球伊斯兰复兴运动影响,马来西亚作为伊斯兰世界的一部分,开始在国家范围内大力推进伊斯兰化政策,政府运用国家权力,开始有计划地针对华人社会进行传教活动。③ 这种由官方推动的伊斯兰化的举措加剧了华人宗教信仰上的分野,使得华人基督教会的发展空间受到限制。④ 在一贯倡导和崇尚"宗教自由"原则的新加坡,2010年曾发生过基督教牧师布道过程中诋毁

---

① "北纬10/40度之窗"是指北纬10度与50度之间,东起日本、菲律宾,西至西班牙及非洲的长方形地带,通常被称为"抗拒福音地带"。"世界未及之民"(Unreached People)是指没有本土化教会的群体,或是没有足够人力和资源使其福音化的群体,一般以2%为标准,即当该群体中信徒人数少于2%时,便是福音未及。参见张钟鑫:《当代东南亚华人基督徒数量的估算与评析——兼统计东南亚、世界基督徒与东南亚华人数量》,载《世界宗教研究》,2018年第1期,第153页。

② 路易斯·戴蒙德等著,李永辉等译:《多轨外交》,北京:北京大学出版社,2006年版,第107页,第150页。

③ 张禹东、刘素民:《宗教与社会——华侨华人宗教、民间信仰与区域宗教文化》,北京:社会科学文献出版社,2008年版,第53页。

④ 密素敏:《比较视野下的海外华人基督教——以北美和东南亚为例分析》,载《华侨华人历史研究》,2016年第1期,第43页。

佛教和道教的事件，当事牧师在新加坡内部安全局介入后才被迫道歉。在印尼传教长达45年的沙勿略会传教士阿比斯（Fernando Abis）神父表示："我住在华人群居的社区，1998年的排华事件带给他们很大的打击，华人当时因政治的缘故而成了暴力的受害者。……我们连圣诞夜都得提早到傍晚6点庆祝，因为害怕有人会趁夜作乱。这是一种用宗教当幌子的排外现象。华人在这里是移民，他们因努力工作而致富，却遭人忌妒和仇视。但这跟宗教毫不相干。"2016年11月，"捍卫伊斯兰阵线"等强硬派组织更是直接发起针对雅加达首任华裔基督徒省长钟万学的大规模游行示威，加之社交媒体鼓噪"中国派出500人保护钟万学"等不实言论，此次和平游行后来酿成警民冲突，作为印尼族群和信仰"双重少数"的代表钟万学最终锒铛入狱。这些政治生态层面的消极因素已经影响到当地华人基督宗教的发展，其"外溢"效应又对当地稳定及地区安全造成了挑战。

二、西方国家与宗教势力的外在牵制

基督宗教信仰将不可避免地为东南亚地区社会文化注入"西化"色彩，消磨华人群体对于传统文化的认同感，"网络传教"的跨国性、分散性、放大性更是容易在东南亚和中国诱发一系列社会治理甚至国家安全问题。云南怒江泸水市片马境外大田坝区（天摩区）曾设有一个美国某教会修建的基督教神学院，他们以各种理由宣传、鼓动境内人员出境参训，并给予误工费、车费补助和生活补贴。[①]

此外，西方反华势力一向刻意夸大中外文化差异、意识形态分歧乃至国际战略冲突，并处心积虑地捏造负面新闻抹黑中国在周边国家和地区中的国际形象，这给中国企业在当地带来了不利的舆论环境。相比之下，在一些国家只有处于非主流地位的华文媒体，无法和本地语种媒体相提并论，这一问题显得更为突出，比如目前在密松的华文

---

① 苏翠薇：《中缅边境地区基督治理研究》，载《世界宗教文化》，2016年第3期，第91页。

媒体就只有金凤凰中文报纸,这使得不懂中文的缅甸民众很难了解到中国的真实情况。① 2008—2009 年间,在菲律宾卡加延省(Cagayan)首府土格加劳市(Tuguegarao City),当地天主教会大主教便曾向地方政府施压,要求立即停止卡加延流域的一切采矿行为,并指责中资企业和中国政府损害当地渔民利益、破坏自然环境。② 就此而言,要认清菲律宾"深受天主教和西方长期殖民的双重影响、市民社会相对发达且华人华侨众多的特征"③,通过持续有效的人文交流活动和国际传播能力建设,尽力避免东南亚基层社会对于中国海外行为的疑虑、误解和曲解。因此,如何处理好汲取海外神学思想与推进基督宗教中国化的相互关系,以及扩大涉及华人的交流交往与抵御境外渗透的相互关系,将是我们在与东南亚华人基督宗教社团开展人文交流过程中必须正视的重要议题。

---

① 黄日涵、储殷:《密松水坝的守望者》,载《华夏时报》,2016 年 1 月 18 日。
② Pak Nung Wong, Kathlene Aquino, Kristinne Lara-De Leon, et al. "As Wind, Thunder and Lightning: Local Resistance to China's Resource-Led Diplomacy in the Christian Philippines", *South East Asia Research*, Vol. 21, No. 2, 2013, p. 288.
③ 赵世人:《预防性公共外交:从周边做起》,载《学习时报》,2014 年 2 月 24 日。

参考文献

一、著作类

[1]阿利普.华人在马尼拉[M].周南京,译.中外关系史学会.中外关系史译丛:第一辑.上海:上海译文出版社,1984.

[2]安德森.比较的幽灵:民族主义、东南亚与世界[M].甘会赋,译.南京:译林出版社,2012.

[3]北京大学"一带一路"五通指数研究课题组."一带一路"沿线国家五通指数报告[M].北京:经济日报出版社,2016.

[4]蔡德奇,江永良.华侨华人的新发展[M].厦门:厦门大学出版社,2001.

[5]曹云华.变异与保持:东南亚华人的文化适应[M].北京:中国华侨出版社,2001.

[6]曹云华.海外侨情观察(2013-2014)[M].广州:暨南大学出版社,2014.

[7]潮龙起.侨务理论研究成果集萃[M].广州:暨南大学出版社,2014.

[8]陈传仁.海外华人的力量:移民的历史和现状[M].北京:世界知识出版社,2007.

[9]陈旭清.华侨华人社团的文化传递功能研究[M]//国务院侨务办公室政策法规司编.国务院侨办课题研究成果集萃(2007-2008年度):下册.北京:国务院侨务办公室,2008.

[10]陈衍德.集聚与弘扬:海外的福建人社团[M].长沙:湖南人民出版社,2002.

[11]陈志明.涵化、族群性与华裔[M].巫达,译//郝时远主编.海外华人研究论集.北京:中国社会科学出版社,2002.

[12]范可.在野的全球化:流动、信任与认同[M].北京:知识产权出版社,2015.

[13]范正义.众神喧嚣中的十字架:基督教与福建民间信仰共处关系研究[M].北京:社会科学文献出版社,2015.

[14]方金英.东南亚"华人问题"的形成与发展:泰国、菲律宾、马来西亚、印度尼西亚案例研究[M].北京:时事出版社,2001.

[15]高伟浓,等.国际移民环境下的中国新移民[M].北京:中国华侨出版社,2003.

[16]高伟浓,石沧金.中国的华侨华人研究(1979-2000):对若干华侨华人研究期刊载文的摘评[M].北京:中国华侨出版社,2002.

[17]高伟浓.东南亚华人信仰诸神考说:泰国的个案研究[M].曼谷:泰国大同社出版有限公司,2001.

[18]高伟浓.清代华侨在东南亚:跨国迁移、经济开发、社团沿衍与文化传承新探[M].广州:暨南大学出版社,2014.

[19]葛剑雄,曹树基,吴松弟.简明中国移民史[M].福州:福建人民出版社,1993.

[20]龚学增,曹兴.世界民族:第三卷:宗教信仰[M].北京:中国社会科学出版社,2013.

[21]郭思嘉.基督徒心灵与华人精神:香港的一个客家社区[M].谢胜利,译.北京:社会科学文献出版社,2013.

[22]韩方明.华人与马来西亚现代化进程[M].北京:商务印书馆,

2002.

[23]何国忠.马来西亚华人:身份认同、文化与族群政治[M].吉隆坡:华社研究中心,2002.

[24]何林.民族的渴望:缅北"怒人"的族群重构[M].北京:中国社会科学出版社,2013.

[25]黄海德,张禹东.宗教与文化[M].北京:社会科学文献出版社,2005.

[26]黄昆章,张应龙.华侨华人与中国侨乡的现状[M].北京:中国华侨出版社,2003.

[27]黄昆章.从落叶归根到落地生根:世界华人研究文集[M].广州:暨南大学出版社,1999.

[28]黄昆章.印尼华侨华人史(1950-2004)[M].广州:广东高等教育出版社,2005.

[29]黄枝连.东南亚华族社会发展论:探索二十一世纪的中国和东南亚的关系[M].上海:上海社会科学院出版社,1992.

[30]吉小松.东南亚文化[M].北京:中国社科文献出版社,2015.

[31]姜兴山.菲律宾华人文化重构研究[M].北京:中国社会科学出版社,2017.

[32]金泽,邱永辉.宗教蓝皮书:中国宗教报告(2013)[M].北京:社会科学文献出版社,2013.

[33]柯银斌,包茂红.中国与东南亚国家公共外交[M].北京:新华出版社,2012.

[34]孔飞力.他者中的华人:中国近现代移民史[M].李明欢,译.杭州:浙江人民出版社,2016.

[35]孔建勋.多民族国家的民族政策与族群态度:新加坡、马来西亚和泰国实证研究[M].北京:中国社会科学出版社,2010.

[36]李德芳.全球化时代的公共外交[M].北京:中国社会科学出版社,2014.

[37]李明欢.当代海外华人社团研究[M].厦门:厦门大学出版社,1995.

[38]李其荣.国际移民与海外华人研究续篇[M].武汉:湖北人民出版社,2013.

[39]李原,陈大璋.海外华人及其居住地概况[M].北京:中国华侨出版社,1991.

[40]梁英明.战后东南亚华人社会变化研究[M].北京:昆仑出版社,2001.

[41]廖建裕.现阶段的印尼华人族群[M].新加坡:八方文化企业公司,2002.

[42]林开忠.建构中的"华人文化":族群属性、国家与华教运动[M].吉隆坡:华社研究中心,1999.

[43]林远辉,张应龙.新加坡马来西亚华侨史[M].广州:广东高等教育出版社,2008.

[44]林治平.印尼华人基督教宣教历史图片展导览手册[M].台北:宇宙光出版社,2011.

[45]刘宏.中国-东南亚学:理论建构、互动模式、个案研究[M].北京:中国社会科学出版社,2000.

[46]刘义.全球化、公共宗教及世俗主义:基督教与伊斯兰教的比较研究[M].上海:上海人民出版社,2013:182.

[47]罗伟虹.中国基督教(新教)史[M].上海:上海人民出版社,2014.

[48]任贵祥.海外华侨华人与中国改革开放[M].北京:中共党史出版社,2009.

[49]施坚雅.泰国华人社会:历史的分析[M].许华,等译.厦门:厦门大学出版社,2010.

[50]施雪琴.菲律宾天主教研究:天主教在菲律宾的殖民扩张与文化调试(1565-1898)[M].厦门:厦门大学出版社,2007.

[51]石沧金.马来西亚华人社团研究[M].北京:中国华侨出版社,2005.

[52]史塔威尔.亚洲教父:香港、东南亚的金钱和权力[M].史钰军,译.上海:复旦大学出版社,2011.

[53]斯达克,芬克.信仰的法则:解释宗教之人的方面[M].杨凤岗,译.北京:中国人民大学出版社,2004.

[54]宋平.承继与嬗变:当代菲律宾华人社团比较研究[M].厦门:厦门大学出版社,1995.

[55]宋燕鹏.马来西亚华人史:权威、社群与信仰[M].上海:上海交通大学出版社,2015.

[56]苏精.基督教与新加坡华人(1819-1846)[M].新竹:台湾清华大学出版社,2010.

[57]涂尔干.宗教生活的基本形式[M].渠东,汲喆,译.上海:上海人民出版社,2006.

[58]王赓武.东南亚华人的身份认同之研究[M]//王赓武.王赓武自选集.上海:上海教育出版社,2002.

[59]王赓武.海外华人的文化中心[M].张海洋,译//郝时远主编.海外华人研究论集.北京:中国社会科学出版社,2002:214-217.

[60]王赓武.华人与中国:王赓武自选集[M].上海:上海人民出版社,2013.

[61]王赓武.中国与海外华人[M].香港:商务印书馆,1994.

[62]王辉耀,刘国福.流动与治理:全球人才、移民与移民法[M].北京:世界知识出版,2019.

[63]王辉耀,刘国福.中国国际移民报告(2014)[M].北京:社科文献出版社,2014.

[64]王明惠,廖荣禄.东马来西亚的华人社团[M].吕伟雄主编.海外华人社会新观察.广州:岭南美术出版社,2004:30.

[65]王望波.2009年海外华侨华人概述[M].北京:世界知识出版

[66]王义桅.国之交如何民相亲:新时代中国公共外交之道[M].北京:中国人民大学出版社,2020.

[67]吴前进.国家关系中的华侨华人和华族[M].北京:新华出版社,2003.

[68]吴义雄.在宗教与世俗之间:基督教新教传教士在华南沿海的早期活动研究[M].广州:广东教育出版社,2000.

[69]项飙.跨国华人[M]//《读书》杂志编.亚洲的病理.北京:生活·读书·新知三联书店,2007.

[70]谢成佳.华侨华人百科全书:社团政党卷[M].北京:中国华侨出版社,1999.

[71]徐以骅,邹磊.宗教与中国对外战略[M].上海:上海人民出版社,2014.

[72]许振礼,方雄普.海外侨团寻踪[M].北京:中国华侨出版社,1995.

[73]薛君度,曹云华.战后东南亚华人社会变迁[M].北京:中国华侨出版社,1999.

[74]颜清湟.东南亚华族文化:延续与变化[M].周添成,译//吴晶主编.华侨华人研究论丛:第七辑.北京:中国华侨出版社,2002.

[75]颜清湟.新马华人社会史[M].粟明鲜,等译.北京:中国华侨出版公司,1989.

[76]晏可佳.辉煌六十年:中国宗教与宗教工作[M].上海:上海人民出版社,2010.

[77]杨凤岗.皈信·同化·叠合身份:北美华人基督徒研究[M].北京:民族出版社,2008.

[78]杨宏云.东南亚华侨华人的跨国实践与认同流变:以印尼华商为例[M].厦门:厦门大学出版社,2017.

[79]姚瑶.新时代中国公共外交与民间外交:理论与实践[M].北

京:世界知识出版,2019.

[80]曾玲.新加坡华人宗乡文化研究[M].北京:中国社会科学出版社,2019.

[81]曾玲.越洋再建家园:新加坡华人社会文化研究[M].南昌:江西高校出版社,2003.

[82]曾少聪.漂泊与根植:当代东南亚华人族群关系研究[M].北京:中国社会科学出版社,2004.

[83]张应龙,等.华侨华人与新中国[M].广州:暨南大学出版社,2009.

[84]张禹东,刘素民.宗教与社会:华侨华人宗教、民间信仰与区域宗教文化[M].北京:社会科学文献出版社,2008年.

[85]张禹东,庄国土.华侨华人文献学刊:第三辑[M].北京:社会科学文献出版社,2016.

[86]张禹东,庄国土.华侨华人文献学刊:第四辑[M].北京:社会科学文献出版社,2017.

[87]张钟鑫.近代新加坡华人基督教研究(1819-1949)[M].福州:福建人民出版社,2015.

[88]赵红英,宁一.五缘性华侨华人社团研究[M].上海:同济大学出版社,2013.

[89]赵启正,雷蔚真.中国公共外交发展报告(2015)[M].北京:社会科学文献出版社,2015.

[90]郑筱筠.东南亚宗教研究报告:东南亚宗教的复兴与变革[M].北京:中国社会科学出版社,2014.

[91]郑筱筠.东南亚宗教与社会发展研究[M].北京:中国社会科学出版社,2013.

[92]郑一省.多重网络的渗透与扩张:海外华侨华人与闽粤侨乡互动关系研究[M].北京:世界知识出版社,2006.

[93]中华人民共和国对外文化联络局.中国对外文化交流概览

(1949-1991年)[M].北京:光明日报出版社,1993.

[94]周敏,张国雄.国际移民与社会发展[M].广州:中山大学出版社,2012.

[95]周南京.风雨同舟:东南亚与华人问题[M].北京:中国华侨出版社,1995.

[96]周聿峨,龙向阳,等.华侨华人与国际关系[M].厦门:厦门大学出版社,2012.

[97]朱峰.基督教与海外华人的文化适应:近现代东南亚华人移民社区的个案研究[M].北京:中华书局,2009.

[98]朱国忠.中国海外移民:一项国际迁移的历史研究[M].上海:复旦大学出版社,1994.

[99]朱杰勤.东南亚华侨史[M].北京:高等教育出版社,1990.

[100]庄国土,等.二战以后东南亚华族社会地位的变化[M].厦门:厦门大学出版社,2003.

[101]庄国土,刘文正.东亚华人社会的形成和发展:华商网络、移民与一体化趋势[M].厦门:厦门大学出版社,2009.

[102]庄国土,清水纯,潘宏立,等.近三十年来东亚华人社团的新变化[M].厦门:厦门大学出版社,2011.

[103]庄国土.华侨华人与中国的关系[M].广州:广东高等教育出版社,2001.

[104]庄炎林,武杰主.华侨华人侨务大辞典[M].济南:山东友谊出版社,1997.

[105]庄祖鲲.契合与转化:基督教与中国传统文化之关系[M].西安:陕西师范大学出版社,2007.

[106]卓新平."全球化"的宗教与当代中国[M].北京:社会科学文献出版社,2008.

[107]卓新平.中国宗教与文化战略[M].北京:社会科学文献出版社,2013.

[108] AHMED I. The Politics of Religion in South and Southeast Asia [M]. London: Routledge, 2011.

[109] ALISTAIR D B C. Culture, identity, and religion in Southeast Asia [M]. Newcastle: Cambridge Scholars Publishing, 2007.

[110] ARITONANG J S, STEENBRINK K A. A history of Christianity in Indonesia[M]. Leiden: Brill, 2008.

[111] BARABANTSEVA E. Overseas Chinese, ethnic minorities and nationalism[M]. London: Routledge, 2011.

[112] BARRETT D B, KURIAN G T, JOHNSON T M. World Christian Encyclopedia I[M]. Oxford: Oxford University Press, 2001.

[113] BAYS D H. Christianity in China: From the Eighteenth Century to the Present[M]. Palo Alto: Stanford University Press, 1999.

[114] CADY L E, SIMON S W. Religion and conflict in South and Southeast Asia[M]. London: Routledge, 2007.

[115] CARPENTER J A, DEN DULK K R. Christianity in Chinese Public Life: Religion, Society, and the Rule of Law[M]. New York: Palgrave Pivot, 2014.

[116] CHEU H T. Chinese Beliefs and Practice in Southeast Asia[M]. Malaysia: Pelanduk Publications, 1997.

[117] DAWIS A. The Chinese of Indonesia and Their Search for Identity: The Relationship Between Collective Memory and the Media[M]. New York: Cambria Press, 2009.

[118] EMBER M, EMBER C R, SKOGGARD I. Encyclopedia of Diasporas: Immigrant and Refugee Cultures Around the World[M]. New York: Springer, 2005.

[119] FOLTZ R. Religions of the Silk Road: Premodern Patterns of Globalization[M]. 2nd ed. New York: Palgrave Macmillan, 2010.

[120] HUNT R, LEE K H, ROXBOROGH J. Christianity in Malaysia: a

denominational history[M]. Kuala Lumpur: Pelanduk Publications,1992.

[121] ISAR Y R. Civil Society Actors in International Cultural Diplomacy[M]//HOELSCHER M, LIST R A, RUSER A, et al. Civil Society: concepts, challenges, contexts: essays in Honor of Helmut K. Anheier. Cham: Springer,2022.

[122] KONING J. Singing yourself into existence: Chinese Indonesian entrepreneurs, Pentecostal-Charismatic Christianity and the Indonesian nation state[M]//BAUTISTA J, LIM F K G. Christianity and the State in Asia: Complicity and Conflict. London: Routledge,2009: 115-131.

[123] LEUNG Y S. The Moses of China: Huang NaiShang and the Chinese Christian Commune in Sibu[M]//SURYADINATA L. Ethnic Chinese in Singapore and Malaysia: a dialogue between tradition and modernity, Singapore: Times Academic Press,2002.

[124] PAN Lynn. The encyclopedia of the Chinese overseas[M]. Cambridge, Mass.: Harvard University Press,1999.

[125] PANG C C. Religious composition of the Chinese in Singapore: some comments on the Census 2000[M]//SURYADINATA L. Ethnic Chinese in Singapore and Malaysia: A dialogue between tradition and modernity. Singapore: Times Academic Press,2002: 329-330.

[126] ROBBIE B H G. Christianity in Southeast Asia[M]. Singapore: Institute of Southeast Asian Studies,2005.

[127] SURYADINATA L. Political thinking of the Indonesian Chinese, 1900-1995: a sourcebook[M]. 2nd ed. Singapore: Singapore University Press,1997.

[128] SURYADINATA L, ARIFIN E N, ANANTA A. Indonesia's population: ethnicity and religion in a changing political landscape[M]. Singapore: Institute of Southeast Asian Studies,2003.

[129] SURYADINATA L, Chinese and nation-building in Southeast

Asia. Singapore: Singapore Society of Asian Studies,1997.

［130］SURYADINATA L. Ethnic Chinese in contemporary Indonesia［M］. Singapore: Institute of Southeast Asian Studies,2008.

［131］TAN C B. The religions of the Chinese in Malaysia［M］//HING L K,TAN C B. The Chinese in Malaysia. Kuala Lumper: Oxford University Press,2000.

［132］TAN C B. The study of Chinese Religion in Southeast Asia: some views［M］//SURYADINATA L. Southeast Asia Chinese: the socio-cultural dimension. Singapore: Times Academic Press,1994:139-165.

［133］TAN Chee-Beng. Chinese overseas: comparative cultural issues［M］. Hong Kong: Hong Kong University Press,2004.

［134］TIEDEMANN R G. Handbook of Christianity in China: volume two: 1800-present［M］. Leiden: Brill,2010.

［135］Tien J K. The Chinese of Sarawak: A study of social structure［M］. London: Routledge,1953.

［136］TRACY C L. The Chinese Diaspora and Mainland China［M］. London: Macmillan Press,1996.

［137］UHALLEY S,WU Xiaoxin. China and Christianity: burdened past,hopeful future［M］. New York: M. E. Sharpe,2001.

［138］WANG Ling-chi. The Chinese Diaspora［M］. Singapore: Time Academic Press,1998.

［139］WIELANDER G. Christian values in Communist China［M］. New York: Routledge,2013.

二、期刊类

［1］蔡振翔.试论中国海外移民的共同性与特殊性问题［J］.华侨华人历史研究,2002(02):35-40.

［2］曹云华.诗巫的福州人:海外华人的模范［J］.东南亚研究,2016

(02):74-81.

[3]曹云华.宗教信仰对东南亚华人文化适应的影响[J].华侨华人历史研究,2002(01):22-29.

[4]陈才俊.基督宗教在东南亚的传播与现状[J].东南亚纵横,2005(07):62-66.

[5]陈岱娜.转型中的"侨"与跨国社会领域:以潮汕与马来西亚善堂的互动为例[J].广西民族大学学报(哲学社会科学版),2016,38(05):138-143.

[6]陈冠桥.中华宗教文化交流协会的实践[J].公共外交季刊,2016(01):91-95+128.

[7]陈孔立.有关移民与移民社会的理论问题[J].厦门大学学报(哲学社会科学版),2000(02):48-57+144.

[8]陈庆,陈金云,黄汉宝.越南华侨社会组织及传统社团探讨[J].八桂侨刊,2002(03):35-38.

[9]陈晓蓉.二战新加坡华人基督教教育探析[J].华侨华人历史研究,2013(02):63-70.

[10]陈秀容.海外华人新移民的全球化与中国西部大开发[J].思想战线,2004(05):55-58.

[11]陈衍德.菲律宾华人在中华文化传播中扮演的角色:以菲华人士及归侨侨眷访谈录为主要研究材料[J].海交史研究,2012(02):48-64.

[12]陈衍德.试论菲华社会的宗教融合[J].世界宗教研究,1995(01):128-134.

[13]陈衍德.试析菲律宾华人宗教信仰的经济动机[J].南洋问题研究,1994(01):35-42.

[14]陈瑶.中国在东南亚的软实力与华侨华人的作用:国际关系学和华侨华人学整合的视角[J].华侨大学学报(哲学社会科学版),2010(02):82-88.

[15]陈奕平,范如松.华侨华人与中国软实力:作用、机制与政策思路[J].华侨华人历史研究,2010(02):14-21.

[16]陈真波.基督教在缅甸的传播及其对缅甸民族关系的影响[J].世界民族,2009(03):82-88.

[17]陈正良,薛秀霞,何先光.析海外华侨华人在推动中国软实力形成和发展过程中的作用[J].浙江学刊,2009(06):126-129.

[18]程希.华侨华人:作为研究对象的"特殊性"及其与中国的关系[J].东南亚研究,2005(01):73-78+85.

[19]丁月牙.论跨国主义及其理论贡献[J].民族研究,2012(03):1-12+107.

[20]杜淳,曾少聪.东南亚华侨华人宗教信仰研究40年:基于改革开放以来中国学者的分析[J].华侨华人历史研究,2018(04):50-58.

[21]范正义.当前海外华人民间信仰跨地区交往和结盟现象研究[J].世界宗教文化,2014(01):62-65.

[22]付瑞红."一带一路"与公共外交在东南亚地区的互动发展分析[J].广西社会科学,2016(09):44-49.

[23]傅义强.当代西方国际移民理论述略[J].世界民族,2007(03):45-55.

[24]古华民.浅论海外华侨华人社团的变化和发展趋势[J].广东省社会主义学院学报,2002(02):10-11.

[25]郭宪纲,姜志达."民心相通":认知误区与推进思路:试论"一带一路"建设之思想认识[J].和平与发展,2015(05):1-11+114.

[26]韩震.全球化时代的华侨华人文化认同的特点[J].扬州大学学报(人文社会科学版),2009,13(01):25-32.

[27]韩震.全球化时代的华侨华人文化认同问题研究[J].华侨大学学报,2007(03):85-90.

[28]合田美穗.新加坡华人的宗教信仰[J].南洋资料译丛,2012(04):63-65.

[29]何伟前.新加坡教会学校华文教学研究[D].广州:暨南大学,2008.

[30]胡昊,王栋.推动中国民间组织积极参与"一带一路"建设[J].公共外交季刊,2014(07):49-55+132.

[31]华方田.流传于东南亚华人中的新兴宗教:德教的历史与现状[J].世界宗教文化,2002(02):57-59.

[32]黄昆章.印度尼西亚华人社团的现状和前景[J].世界民族,2003(06):58-62.

[33]蒋炳庆."一带一路"战略视阈下的马来西亚华人社会探析[J].学术探索,2015(09):17-23.

[34]金小康.试论西班牙殖民者诱劝菲律宾华人皈依天主教的动机[J].西部学刊,2019(09):107-109.

[35]金宜久.国际政治中的"宗教因素"[J].世界经济与政治,2002(09):17-22.

[36]金泽.全面研究宗教在中国文化发展战略中的地位与作用[J].中国宗教,2012(03):45-47.

[37]金正昆,孙冰冰.海外华侨华人参与:当代中国侨务公共外交路径研究[J].社科纵横,2012,27(11):36-39.

[38]卡斯尔斯.21世纪初的国际移民:全球性的趋势和问题[J].国际社会科学杂志(中文版),2001,18(03):20-33+3.

[39]孔志坚,雷著宁.国际非政府组织在缅甸的发展及其影响[J].国际研究参考,2014(04):34-38.

[40]寇立研,周冠宇."一带一路"对外传播需要把握的十对关系[J].对外传播,2015(03):21-23.

[41]李枫.国外华侨、华人研究现状述评[J].世界民族,2010(04):64-67.

[42]李冈原,张愔.马来西亚华人宗教探析[J].浙江师范大学学报(社会科学版),2005(01):40-43.

[43]李明欢.20世纪西方国际移民理论[J].厦门大学学报(哲学社会科学版),2000(04):12-18+140.

[44]李向平,杨林霞.宗教、社会与权力关系:"宗教市场论"的社会学解读[J].华东师范大学学报(哲学社会科学版),2011,43(05):1-7+151.

[45]李兴,刘权.东南亚华人社团的复兴与重新定位[J].东南亚纵横,2002(05):51-56.

[46]廖赤阳,刘宏.网络、国家与亚洲地域秩序:华人研究之批判性反思[J].华侨华人历史研究,2008(01):1-11.

[47]林奋之.马来西亚华人社团的新特点[J].东南亚纵横,2008(03):27-31.

[48]林逢春,隆德新.建构主义视角下的侨务公共外交:理论沟通与发现[J].广西社会科学,2014(04):125-130.

[49]林逢春.海外华人新移民对崛起中国的国家形象认知:以海外华人新移民的中国认同为视角[J].湖北社会科学,2013(04):31-35+50.

[50]林逢春.马来西亚华人在推进中国公共外交中的作用与制约因素[J].亚非纵横,2014(02):83-91+125+129.

[51]林金枝.新加坡华侨华人社团的历史演变及其发展趋势[J].八桂侨史,1993(04):31-38.

[52]林胜.循环流动理论及在中国侨乡海外移民的适用[J].世界民族,2016(03):71-81.

[53]刘宏.海外华人社团的国际化:动力·作用·前景[J].华侨华人历史研究,1998(01):48-58.

[54]刘宏.海外华人与崛起的中国:历史性、国家与国际关系[J].开放时代,2010(08):79-93.

[55]刘宏.华侨华人与中国的公共外交[J].公共外交通讯,2010(01):51-55.

[56] 刘金光. 东南亚宗教的特点及其在中国对外交流中的作用:兼谈东南亚华人宗教的特点[J]. 华侨华人历史研究,2014(01):28-33.

[57] 刘可伟. 中国30年改革开放对海外华侨华人观念的改变影响深远[J]. 统一论坛,2009(01):44-45.

[58] 刘磊. 非政府组织参与公共外交的路径研究[J]. 山东行政学院学报,2014(09):21-25.

[59] 刘鹏. 浅析新形势下宗教对话在我国公共外交中的作用和路径[J]. 湖南省社会主义学院学报,2012,13(01):33-36.

[60] 刘贞晔. 非政府组织及其非传统外交效应[J]. 国际观察,2012(05):15-22.

[61] 柳建文. "一带一路"背景下国外非政府组织与中国的国际区域合作[J]. 外交评论,2016,33(05):1-30.

[62] 卢云峰. 超越基督宗教社会学:兼论宗教市场理论在华人社会的适用性问题[J]. 社会学研究,2008(05):81-97+244.

[63] 路阳. 国际移民新趋向与中国国际移民治理浅论[J]. 世界民族,2019(04):58-72.

[64] 吕俊昌. 西班牙殖民时代菲律宾华人天主教徒的信仰生活刍议[J]. 世界宗教文化,2017(01):127-133.

[65] 吕晓莉. 中国非政府组织在民间外交领域中的作用研究[J]. 中国治理评论,2013(01):145-175.

[66] 马丽蓉. 中国周边国家宗教发展新态势与经略周边之策[J]. 世界宗教研究,2017(05):27-41.

[67] 莫顺宗. 马来西亚华人社团:从"整体网络"到"互联网络"[J]. 八桂侨刊,2012(04):26-29.

[68] 奈. 新公共外交:非政府组织与网络[J]. 公共外交季刊,2010(02):51-54.

[69] 聂德宁. 东南亚华人的宗教信仰[N]. 中国社会科学报,2014-03-19(A7).

[70]裴勇.发挥宗教优势 助力"一带一路"建设[J].中国宗教,2015(06):32-34.

[71]秦亚青.中国文化及其对外交决策的影响[J].国际问题研究,2011(05):21-33+126.

[72]裘援平.华侨华人与中国梦[J].求是,2014(06):58-60.

[73]裘援平.中国的和平发展与公共外交[J].国际问题研究,2010(06):1-3+70-71.

[74]曲星.公共外交的经典含义与中国特色[J].国际问题研究,2010(06):4-9+70-71.

[75]沈雅梅."中国梦"的公共外交:挑战与机遇[J].国际问题研究,2015(06):89-103.

[76]施雪琴.西班牙天主教语境下的宗教政策:16-18世纪菲律宾华侨皈依天主教研究[J].华侨华人历史研究,2002(01):49-55.

[77]石沧金.华侨华人民间信仰研究现状评析[J].宗教学研究,2019(01):231-240.

[78]孙存良,李宁."一带一路"人文交流:重大意义、实践路径和建构机制[J].国际援助,2015(02):14-20.

[79]孙霞.中国海外利益的政治风险与侨务公共外交[J].华侨华人历史研究,2012(02):19-27.

[80]汤锋旺.华侨华人与中国软实力:概念、方法及理论[J].东南亚研究,2013(01):73-79.

[81]童家洲.日本、新加坡华侨地缘社团的发展演变及其比较研究[J].福建师范大学学报(哲学社会科学版),1995(03):95-102.

[82]童家洲.试论"五缘"文化及其与海外华侨华人社会[J].华侨华人历史研究,1997(01):12-18.

[83]涂怡超,赵可金.宗教外交及其运行机制[J].世界经济与政治,2009(02):48-56+4-5.

[84]王琛发.美国近年来对东南亚宗教组织的公共外交[J].宗教

与美国社会,2014(01):257-282+319.

[85]王光海.马来西亚华人宗教信仰考察[J].河南工业大学学报(社会科学版),2008(01):51-54.

[86]王秋彬.开展"一带一路"公共外交的思考[J].理论视野,2015(06):67-70.

[87]王晓玲."周边命运共同体"构建与人文交流思路的转换[J].现代国际关系,2015(05):48-55.

[88]王子昌.网络视野下的华侨华人:刘宏及其海外华人研究[J].暨南学报(哲学社会科学版),2013,35(08):13-17.

[89]威廉姆斯,张丽君.非政府组织在公共外交中的身份分析[J].公共外交季刊,2014(06):56-62+133.

[90]魏玲.东南亚研究的文化路径:地方知识、多元普遍性与世界秩序[J].东南亚研究,2019(06):11-21+153.

[91]吴白乙.公共外交:中国外交变革的重要一环[J].国际政治研究,2010,31(3):115-125+195.

[92]吴前进.论新时期"海内外同胞关系和谐":21世纪以来新华侨华人与中国的关系互动[J].毛泽东邓小平理论研究,2008(12):65-70+75+82.

[93]吴前进.新华侨华人与民间关系发展:以中国—新加坡民间关系为例[J].华侨华人历史研究,2007(02):7-22.

[94]吴伟杰.属灵的冲突来自属物的冲突:东南亚宗教冲突初探[J].东南亚研究,2003(01):16-21.

[95]谢成佳.对华侨华人社团的几点认识[J].华侨华人历史研究,2002(03):23-24.

[96]谢剑.东南亚华人的认同问题:对R.J.Coughling双重认同理论的再思考[J].台湾东南亚学刊,2006,3(02):3-18.

[97]徐文臻.发挥宗教交流在公共外交中的积极作用[J].中国宗教,2012(09):60-62.

[98]徐以骅,刘骞.安全与统战:新中国宗教政策的双重解读[J].世界宗教研究,2011(06):1-8+194.

[99]徐以骅,章远.试论宗教影响中国国家安全的路径和范式[J].复旦大学学报(哲学社会科学版),2009(04):109-116.

[100]徐以骅,邹磊."信仰中国":宗教与中国公共外交和两岸关系[J].公共外交季刊,2012(01):46-52.

[101]徐以骅.全球化时代的宗教与国际关系[J].世界经济与政治,2011(09):4-19+156.

[102]徐以骅.全球化时代的宗教与中国公共外交[J].世界经济与政治,2014(09):75-86+158.

[103]徐云.中国大陆华侨华人研究的文献计量分析报告[J].华侨华人历史研究,2004(04):7-17.

[104]徐祖祥,刘欢.中缅跨境民族地区基督教跨境互动的历史形态与阶段特征[J].世界宗教文化,2016(03):78-89.

[105]许利平,韦民.人文交流与经略周边[J].世界知识,2016(01):16-18.

[106]许梅.东南亚华人在中国软实力提升中的推动作用与制约因素[J].东南亚研究,2010(06):58-65.

[107]杨凤岗.中国宗教的三色市场[J].中国人民大学学报,2006(06):41-47.

[108]杨洁篪.努力开拓中国特色公共外交新局面[J].求是,2011(04):43-46.

[109]杨晋涛,俞云平.东南亚华裔新生代的"祖籍记忆"初探:马来西亚、泰国、印度尼西亚个案比较[J].世界民族,2007(06):42-49.

[110]杨启光.后苏哈托时代的印尼华人新型社团[J].华侨华人历史研究,2003(01):8-15.

[111]叶小文.改革开放30年党的宗教工作理论创新[J].中国宗教,2009(01):26-31.

[112]衣长军.海外新华侨华人社团与国家"软实力"建设研究[J].华侨大学学报(哲学社会科学版),2016(05):141-148.

[113]俞振常,邹建云.海外华侨社团现状、变化及工作思路[J].河北省社会主义学院学报,2003(02):33-35.

[114]曾玲.认同形态与跨国网络:当代海外华人宗乡社团的全球化初探[J].世界民族,2002(06):45-55.

[115]曾少聪.东南亚华人与土著民族的族群关系研究:以菲律宾和马来西亚为例[J].世界民族,2002(02):35-45.

[116]曾少聪.全球化与中国海外移民[J].民族研究,2003(01):29-38+107.

[117]张晶莹.新加坡华人基督教的发展现状、原因及趋势[J].世界宗教文化,2015(04):104-110.

[118]张龙林.东南亚华人宗教问题初探:定义、历史分期与主要特征[J].东南亚纵横,2004(06):67-71.

[119]张梅.中国侨务公共外交:问题与展望[J].现代国际关系,2017(11):58-63+65.

[120]张秀明.改革开放以来侨务政策的演变及华侨华人与中国的互动[J].华侨华人历史研究,2008(03):1-10.

[121]张应龙.马来西亚华人移民与基督教[J].中国宗教,2004(02):46-47.

[122]张永广.改革开放以来中国基督教会对外交流活动述评[J].世界宗教研究,2015(02):173-181.

[123]张禹东.东南亚华人传统宗教的构成、特性与发展趋势[J].世界宗教研究,2005(01):98-108.

[124]张禹东.关于东南亚华侨华人宗教文化与现代化问题的理论思考[J].华侨大学学报(哲学社会科学版),2002(03):121-125.

[125]张禹东.马来西亚的"伊斯兰化"运动对华人及其宗教文化的影响[J].华侨华人历史研究,1996(04):22-29.

[126]张禹东.马来西亚的华人宗教文化[J].华侨华人历史研究,1999(01):65-71.

[127]张禹东.试论东南亚华人宗教的基本特质[J].华侨华人历史研究,1997(01):25-31.

[128]赵可金.中国崛起方略中的公共外交[J].当代世界,2012(05):30-34.

[129]赵树冈.东南亚华人的人类学研究:以区域及主题为分析焦点[J].华侨华人历史研究,2003(03):61-70.

[130]赵树冈.族群互动的历史隐喻:菲律宾南吕宋岛的凯萨赛圣母[J].开放时代,2012(12):130-145.

[131]郑华.新公共外交内涵对中国公共外交的启示[J].世界经济与政治,2011(04):143-153+160.

[132]郑华.中国公共外交发展进程中的困惑及其应对[J].国际观察,2012(02):66-71.

[133]郑一省.东南亚华人的社会文化情况初探[J].世界民族,2008(02):30-36.

[134]郑志明.泰国华人社会与宗教[J].华侨大学学报(哲学社会科学版),2005(04):30-37.

[135]钟龙彪,王俊.中国公共外交的演进:内容与形式[J].外交评论,2006(03):64-69.

[136]周楠.信仰与认同——以马来西亚华人信仰惯习为例[J].大家,2010(14):173-174.

[137]朱东芹.菲律宾华侨华人社团现状[J].华侨大学学报(哲学社会科学版),2010(02):89-95.

[138]朱东芹.中国侨务公共外交:对象与目标探析[J].国际论坛,2016,18(03):36-41+80.

[139]朱峰.当代东南亚华人基督教浅析[J].世界宗教文化,2011(01):57-62.

[140] 朱峰. 殖民地处境下的华人基督教:以近代东南亚华人社会为例[J]. 福建师范大学学报(哲学社会科学版),2005(02):122-129.

[141] 庄国土. 华人华侨分布状况与发展趋势[J]. 侨务工作研究,2010(04).

[142] 卓新平,徐以骅,刘金光,等. 对话宗教与中国对外发展战略及公共外交[J]. 世界宗教文化,2012(04):33-38.

[143] ANDAYA B W. Between Empires and Emporia: The Economics of Christianization in early modern Southeast Asia[J]. Journal of the Economic and Social History of the Orient,2010,53(1-2),357-392.

[144] BRAZIER R. In Indonesia, the Chinese go to church[N]. The New York Times,2006-04-27.

[145] CHANG Y H. Mapping "Chinese" Christian schools in Indonesia: ethnicity, class and religion[J]. Asia Pacific Education Review,2012,12(3):403-411.

[146] CHEUNG G C K. Involuntary Migrants, Political Revolutionaries and Economic Energisers: a history of the image of overseas Chinese in Southeast Asia[J]. Journal of Contemporary China,2005,14(42):55-66.

[147] GOH R B H. Singapore's "Two YMCAs": Christianity, Colonialism, and Ethnic Fault Lines[J]. Crossroads: An Interdisciplinary Journal of Southeast Asian Studies,2007,18(2):29-64.

[148] GOH R B H. The Internet and Christianity in Asia: cultural trends, structures and transformations[J]. International Journal of Urban and Regional Research,2005,29(4):831-848.

[149] JOHNSON P C. Religion and Diaspora[J]. Religion and Society,2012,3(1):95-114.

[150] KEYES C F. Being Protestant Christians in Southeast Asian Worlds[J]. Journal of Southeast Asian Studies,1996,27(2):280-292.

[151] KONING J, DAHLES H. Spiritual Power: Ethnic Chinese

Managers and the rise of Charismatic Christianity in Southeast Asia[J]. The Copenhagen Journal of Asian Studies, 2009, 27(1): 5-37.

[152] LIU Hong. Old Linkages, New Networks: The globalization of Overseas Chinese Voluntary Associations and its implications[J]. The China Quarterly, 1998, 155: 582-609.

[153] LIU Hong. Transnational Asia and Regional Networks: toward a New Political Economy of East Asia[J]. East Asian Community Review, 2018, 1(4): 33-47.

[154] LIU Jifeng. Proselytising the Indigenous Majority: Chinese Christians and Interethnic Relations in East Malaysia[J]. Anthropological Forum: A Journal of Social Anthropology and Comparative Sociology, 2021, 31(3): 1-19.

[155] SCOTT D W. The Geographic Imagination and the Expansion of Methodist Missions in Southeast Asia[J]. International Bulletin of Missionary Research, 2014, 38(3): 130-134.

[156] SHAIN Y, BARTH A. Diasporas and International Relations Theory[J]. International Organization, 2003, 57(03): 449-479.

[157] YANG Guobin. The Internet and the rise of a transnational Chinese cultural sphere[J]. Media, Culture & Society, 2003, 25(4): 469-490.

三、官方网站类

[1]《福音时报》,http://www.gospeltimes.cn/。

[2]《基督教论坛报》,http://www.ct.org.tw/。

[3]《基督时报》,http://www.christiantimes.cn/。

[4]《印度尼西亚商报》,http://www.shangbaoindonesia.com/。

[5]菲律宾国家统计局,http://www.psa.gov.ph/。

[6]国家宗教事务局,http://www.sara.gov.cn/。

［7］"海外基督使团", https://omf.org/us/。

［8］老挝国家统计局, http://www.Lsb.gov.la/。

［9］马来西亚国家统计局, http://www.statistics.gov.my/。

［10］马来西亚华社研究中心, http://www.malaysian-chinese.net/。

［11］马来西亚基督教卫理公会砂拉越华人年议会, http://sarawakmethodist.org/。

［12］马来西亚基督教长老会(GPM), http://www.gpm.org.my/。

［13］马来西亚社团注册局, http://www.ros.gov.my/index.php/my/。

［14］马来西亚卫理公会华人年议会(CAC-MCS), http://www.methodist.org.my/。

［15］全球华侨华人网, http://www.chinesecome.com。

［16］圣公会新加坡教区华文部网站, http://chinese.anglican.org.sg。

［17］世界华福中心(CCCOWE), http://www.cccowe.org/。

［18］台湾《基督教今日报》, https://cdn-news.org/news。

［19］新加坡国家统计局, https://www.singstat.gov.sg/。

［20］新加坡华人基督教会怀恩堂, http://www.gsccc.org.sg/portal/cn/index.php。

［21］新加坡华文基督教联合会, https://ccussingapore.wordpress.com。

［22］新加坡华文基督教联合会, https://ccussingapore.wordpress.com/。

［23］新加坡基督教信义会(LCS), http://www.lutheran.org.sg/。

［24］新加坡卫理公会华人年议会(CAC-MCM), http://www.cac-singapore.org.sg/cn/。

［25］印尼国家统计局, http://www.bps.go.id/index.php。

［26］印尼华人基督教联会(PGTI), http://pgti.co.id/。

［27］"约书亚事工",https://joshuaproject.net/。

［28］中国-东盟协会,http://www.chinaasean.org/。

［29］中国公共外交协会,http://www.chinapda.org.cn/chn/。

［30］中国基督教两会,http://www.ccctspm.org。

［31］中国侨网,http://www.chinaqw.com。

［32］中国天主教"一会一团",http://www.chinacatholic.cn/。

［33］中华基督教网路发展协会(CCNDA),http://church.oursweb.net/。

［34］中华全国归国华侨联合会,http://www.chinaql.org。

图书在版编目（CIP）数据

东南亚华人基督宗教社团与中国-东盟人文交流：历史演进、系统建构与网络互动/张鹏著.--北京：当代世界出版社，2022.12
　ISBN 978-7-5090-1694-7

　Ⅰ.①东… Ⅱ.①张… Ⅲ.①华人-基督教-宗教团体-影响-中外关系-人民外交-研究-东南亚国家联盟 Ⅳ.①D822.333

中国版本图书馆CIP数据核字（2022）第195112号

书　　名：	东南亚华人基督宗教社团与中国-东盟人文交流：历史演进、系统建构与网络互动
出 品 人：	丁　云
策划编辑：	刘娟娟
责任编辑：	刘娟娟　姜松秀
装帧设计：	王昕晔
版式设计：	韩　雪
出版发行：	当代世界出版社
地　　址：	北京市地安门东大街70-9号
邮　　编：	100009
邮　　箱：	ddsjchubanshe@163.com
编务电话：	（010）83907528
发行电话：	（010）83908410（传真）
	13601274970
	18611107149
	13521909533
经　　销：	新华书店
印　　刷：	英格拉姆印刷（固安）有限公司
开　　本：	710毫米×1000毫米　1/16
印　　张：	13.25
字　　数：	179千字
版　　次：	2022年12月第1版
印　　次：	2022年12月第1次
书　　号：	ISBN 978-7-5090-1694-7
定　　价：	69.00元

如发现印装质量问题，请与承印厂联系调换。
版权所有，翻印必究；未经许可，不得转载！